finding
nice
words!

情景を描く
ことば探し辞典

三省堂編修所 編

三省堂

装丁・本文設計・イラスト
グリッド有限会社　八十島博明　石川幸彦

組版
株式会社ぷれす

執筆
佐原慶　田村豪

構成・編集
三省堂編修所

校正
市原佳子　加地耕三　長坂亮子　山本雅幸

編集協力
伊藤佑衣菜　岡本有子　小川みなも　髙田愛未　村松佳奈

前書き 🔍

「もうちょっとうまい言い回しがないものか」
「季節感のある表現を入れたいけど思いつかない」
「手紙の書き出しがいつも同じ……」
「情景描写がちょっと雑だし、登場人物が似てくるし」

　日々の生活や仕事、創作活動などにおいて、語彙の不足を感じることもあるでしょう。

　いつもの表現からもう少し解像度を上げて、より的確に表現したい、そんなときの手助けになるような「ことば探し」のための一冊があればと思い本書を企画いたしました。

　日常生活に必要な基本的な言葉から、ちょっと気のきいた表現まで、おおよそ 4,000 項目を収録しています。全体を天候と天体・自然・人・色・時間と季節の五つに分け、それぞれに言葉を分類しました。簡潔な説明と使用例を添え、季語になるものは季節も示しました。巻末には索引を付し、連想からさらに語彙が豊かになることを期しました。

　本書があなたの相談役となり、言葉があなたの味方になりますように！

　伝えたいことがあるすべての人に──
さまざまな機会に皆さまのお役に立てば幸いです。

2022 年 10 月　三省堂編修所

目 次

天

地

🔍 この辞典の使い方

この辞典に収録した言葉

5カテゴリー／57テーマ／約4,000項目
風景や情景を写生する言葉や、場面設定・人物描写に使える言いまわしなど、的確に描写するための表現を取り上げました。

言葉の探し方

● 目次から探す

目次にはカテゴリーとテーマ名を示しました。

① あらわしたい事柄・描きたい場面を目次で探す。
② 目次に書いてある数字のページを開く。
③ そのテーマ全体をながめて探す。

求める言葉がない場合は……
テーマタイトルの下に関連するテーマを　→　で示しているので、そのテーマもご覧ください。

● さくいんから探す

この辞典に掲載した言葉を五十音順に並べたさくいん(索引)を巻末(182ページ～207ページ)に付しました。

① 思いついた言葉をさくいんで探す。
② さくいんに書いてある数字のページを開く。
③ 似た言葉や言い回しが出ているので、周辺の言葉をながめて探す。

なお、太字の数字は、その言葉をテーマとして取り上げているページを表しています。

この辞典の見方

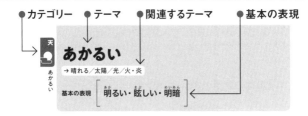

● カテゴリー ● テーマ ● 関連するテーマ ● 基本の表現

天
●
あかるい

あかるい

→ 晴れる／太陽／光／火・炎

基本の表現 [明るい・眩しい・明暗]

● 配列…似た表現の五十音順を原則とする

明るい

明々
あか あか ともしびなどが明るく輝くさま。
「灯が一とともる」

明らか
あき 光が明るく、ものの様子が
はっきりしているさま。ま
た、疑う余地のないさま。

似た言葉を探しやすいよう、グレー地
にタイトルを示したところもあります。

● 表記…漢字でどう書くかを見出しに

麗らか
うら 太陽がのどかに照っている
さま。[春]

見出しは、漢字で書くとしたらどう書く
かを示しました。

● 解説…簡潔な語義と、充実の補足情報

泉
いずみ 地中から自然に水が湧きでるとこ
ろ。またはその水。[夏]
「一から滾々と水が湧く」
＊出水の意。

語義は簡潔に示しています。
季語になるものは語義末尾にその季
節を示しました。
補足的な情報を＊で示しました。

● 用例…よく使われる言いまわしを示す

光風こうふう 晴れた春の日に吹く、気持ち
よい風。
「―霽月ちいげつ〔=さわやかな風と晴れた月。わ
だかまりのない気持ちのたとえ〕」

――は見出し部分を表します。
用例の解説を〔＝　　〕で示しました。

● その他の表現…さらに語彙を豊かに

その他の表現
ストーン・ロック・ジュエル
ごつごつ・ごろごろ・ころころ・
どしっと

その他にもあるさまざまな表現を末尾
に添えました。

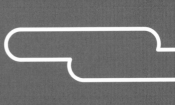

あかるい

→ 晴れる／太陽／光／火・炎

基本の表現 [明るい・眩しい・明暗]

明るい

明々（あかあか）　ともしびなどが明るく輝くさま。「灯が—とともる」

明らか（あきらか）　光が明るく、ものの様子がはっきりしているさま。また、疑う余地のないさま。

鮮やか（あざやか）　色・形がはっきりして美しいさま。

薄明かり（うすあかり）　弱いかすかな光。また、日の出前・日没後のかすかな明るさ。

薄明るい（うすあかるい）　ほんのりと明るい。「東の空が薄明るくなる」

麗らか（うらら か）　太陽がのどかに照っているさま。[春]

恢明（かい めい）　広々として明るいこと。

片明かり（かたあかり）　明かりが一方にだけ差すこと。また、ほのかな光。

煌めく（きらめく）　光り輝く。「星が—」

眩む（くらむ）　強い光を突然受けて、目が見えなくなる。

炯々（けいけい）　鋭く光るさま。「眼光—」

月明（げつ めい）　月の明るいこと。[秋]「—を頼りに夜道を歩く」

煌々（こう こう）　光り輝くさま。晃々とも書く。

皎々（こう こう）　太陽・月・雪などが明るく光り輝くさま。

皓々（こう こう）　月や電灯の光が昼のように明るく照らす様子。

耿々（こう こう）　明るいさま。また、心が安らかでないさま。

光明（こう みょう）　暗闇を照らす明るい光。「闇に一条の—がさす」

冴える（さえる）　月や星が寒い夜空にくっきり見える。また、音が澄んではっきり聞こえる。

冴やか（さ やか）　明るくて、はっきりしているさま。清か・明かとも書く。

燦（さん）　あざやかなさま。きらびやかなさま。「—たる光」

燦々（さん さん）　太陽などが明るく輝くさま。「—と降り注ぐ陽光」

燦然（さん ぜん）　あざやかに輝くさま。「—と輝く宝石」

燦爛（さん らん）　あざやかに輝くさま。華やかで美しいさま。

遮光 しゃこう　光を遮ること。
「―カーテン」

澄む すむ　濁りがなく、透き通っていること。

鮮明 せんめい　あざやかではっきりしているさま。
「―な色で咲きほこる」

底明るい そこあかるい　そう明るくはないが、地平線の近くや雲の奥などが、少し明るく感じられる。

澄明 ちょうめい　澄み切っていて明るいこと。
「―な大気」

月明かり つきあかり　月の光で明るいこと。また、月の光。

艶々 つやつや　光沢があって美しいさま。
「―とした顔色」

露明かり つゆあかり　降りている露に光が反射してあたりが明るいこと。

映える はえる　光に照らされて輝く。
「朝日に―富士山」

微明 びめい　かすかに明るいこと。また、奥深くて理解することはむずかしいが、道理としては明らかなこと。

仄明るい ほのあかるい　ほんのりと明るい。
「縁側が仄明るく見える」

目映い まばゆい　光が強くまぶしい。
「―イルミネーション」

明光 めいこう　明るい光。

明色 めいしょく　明るい感じの色。
対暗色あんしょく

目眩めく めくるめく　目がくらむ。
「―日の光」

陽明 ようめい　はっきりと明るいこと。また、明らかなこと。

爛々 らんらん　鋭く光るさま。
「目が―と光る」

玲瓏 れいろう　金属・玉などがさえた美しい音で鳴るさま。また、玉のように美しく輝くさま。

郎明 ろうめい　明るいこと。また、明るく朗らかなこと。

朧明 ろうめい　ぼんやりと明るいさま。

明るい場所

街明かり まちあかり　夜、遠くに見える街の電灯・ネオンの明かり。

窓明かり まどあかり　窓から差し込む光。また、窓から漏れる明かり。

明処 めいしょ　明るい場所。

明窓 めいそう　光のよく差し込む明るい窓。
「―浄机」

明るい時

明らむ あからむ　夜が明けて、空が明るくなる。
「東の空が―」
＊「赤らむ」は果実や顔などが赤くなること。

残照 ざんしょう　日が沈んでも空に残っている光。

白々 しらじら　だんだん明るくなっていくさま。
しらしらともいう。

白む しらむ　夜が明けて空が明るくなる。また、興がさめる。

清明 _{せい めい} ①清らかで明るいこと。
②二十四節気の一つ。[春]

時明かり _{とき あ} 明け方に東の空がかすかに明るくなること。
また、雨の時に空がときどき明るくなること。

夏の霜 _{なつ しも} 霜が夏の夜に降ったかのように、月光が地上を照らしているさま。

西明かり _{にし あ} 日没後、西の空が明るいこと。

薄明 _{はく めい} 日没後・日の出前に空が薄明いこと。

花明かり _{はな あ} 桜の花が満開で、夜でもほのかに明るく見えること。

星明かり _{ほし あ} 星の光でほのかに明るいこと。

夕明かり _{ゆう あ} 夕暮れに残るほのかな明るさ。

その他の表現

かんかん・きらきら・ぎらぎら・
きらり・ぎらり・きんきらきん・
くっきり・ちかちか・ちらちら・
つるつる・てらてら・はっきり・
ぴかぴか・ぴかり
サニー・シャープ・シャイニー・
ブライト・ライト・ルミナス

くらい

→ 黒・緑・紫／夜

基本の表現 [影・暗い・薄暗い・真っ暗]

暗い

蒼暗い（あおぐらい）　青みを帯びた暗さ。

暗々（あんあん）　暗いさま。奥深くかすかなさま。「一裏」

暗々然（あんあんぜん）　暗いさま。

暗光（あんこう）　暗い光。

暗香（あんこう）　暗い中漂ってくる良い香り。あんきょうとも。

暗黒（あんこく）　真っ暗なこと。闇黒とも書く。「一の空間／一星雲」

闇昏（あんこん）　くらいこと。また、おろかなこと。

暗色（あんしょく）　暗い感じの色。対 明色（めいしょく）

暗然（あんぜん）　暗いさま。はっきりしないさま。また、悲しみなどで心がふさぐさま。闇然とも書く。

暗澹（あんたん）　薄暗くすごみを感じさせるさま。また、希望が持てず悲観的なさま。

暗淡（あんたん）　薄暗いこと。

暗調（あんちょう）　気分や絵画、写真が暗いこと。

暗部（あんぶ）　暗い部分。「社会の一に光を当てる」

陰暗（いんあん）　日当たりが悪く暗いさま。「一なる幽谷」

陰影（いんえい）　光の当たらない暗い部分。また、平板でなく趣が深いこと。

陰気（いんき）　天気・気分などが暗いさま。「一臭い」

陰湿（いんしつ）　日が当たらず、暗くてじめじめしていること。また、人の性格が陰気なこと。

鬱蒼（うっそう）　あたりが暗くなるくらい樹木が茂るさま。

雲端に霾る（うんたんにつちふる）　雲の端から土まじりの風が吹いて辺りが暗くなるさま。
＊杜甫の詩から。

晦冥（かいめい）　くらくなること。「天地一」

暗闇（くらやみ）　全く光のないこと。また、人目につかないところ。

小暗い（こぐらい）　少し暗い。「一深山の道」

木暗い（こぐらい）　樹木が生い茂って暗い。「山中は昼でも一」

蒼然（そうぜん）　色が青いさま。また、薄暗いさま。

13

つつ闇[やみ] 真っ暗で何も見えない闇。[類]つつくら

常闇[とこ やみ] 永久に真っ暗であること。「鬱蒼[うっそう]とした森の奥に広がる—」

仄暗い[ほの ぐら] ものの輪郭がぼんやり見える程度の暗さであるさま。

冥暗[めい あん] 暗いこと。くらやみ。また、暗い冥土での迷い。冥闇とも書く。

冥々[めい めい] 暗くて見えないさま。「—たる闇」

幽靄[ゆう あい] 奥深く、薄暗いこと。

幽暗[ゆう あん] 奥深く暗いこと。幽闇とも書く。「深林—の地」

幽冥[ゆう めい] かすかで暗いこと。また、冥土。

冷暗[れい あん] 冷たく暗いこと。「—所に貯蔵する」

暗い場所

暗窟[あん くつ] 日光の射し込まない暗いほら穴。

暗穴[あん けつ] 暗い穴。闇穴とも書く。

暗窖[あん こう] 暗い洞窟。「—の中へ降りていった」

暗室[あん しつ] 外から光が入らないようにした暗い部屋。写真の現像などに用いる。

暗所[あん しょ] 暗いところ。「—視」

暗がり[くら] 暗いところ。また、人目につかないところ。闇がりとも書く。

も書く。

木の下闇[こ の した やみ] 木陰が暗いこと。「奥深い山中の—」

手暗がり[て くら] 自分の手が影を作って、手元がよく見えないこと。「行灯下の—」

暗い時

五月闇[さ つき やみ] 五月雨の頃の夜の暗さ。[夏]「—の空」

下つ闇[しも や み] 陰暦20日過ぎの夜の、深いやみ。[類]下り闇

暮色蒼然[ぼ しょく そう ぜん] 夕暮れの薄暗いさま。「—たる秋の海辺」

夜陰[や いん] 夜の暗闇。また、夜。「—にまぎれて敵陣に火を放つ」

夕闇[ゆう やみ] 夕方の薄暗さ。「—の中に村が見えた」

宵闇[よい やみ] 宵の薄暗さ。[秋]「—に白く浮かぶ灯」

夜の底[よる の そこ] 夜の深い闇をいう語。「—に響く笑い声」

夜の帳[よる の とばり] 夜の闇を帳[とばり]にたとえていう語。「—が下りる」

その他の表現

漆黒の闇
グルーミー・グレー・ダーク

14

あたたかい・あつい

→ あかるい／太陽／火・炎／春・新春／夏／昼

基本の表現 ［ 温かい・暖かい・熱い・暑い・生温かい ］

あたたかさ・あつさ

炎靄（えん あい） 夏の熱気。
「一をただよわせた空」

温潤（おん じゅん） あたたかでうるおいのあるさま。

温暖（おん だん） 気候が暖かく、穏やかなこと。
「一な気候」

温和（おん わ） ①気候が暖かで穏やかなこと。
「豊かな自然と一な気候」
②人柄が穏やかなこと。

軽暖（けい だん） 少し暖かいこと。また、衣服が軽くて暖かいこと。

暄暖（けん だん） 日光の暖かいこと。
*「暄」はあたたかい意。

降暑（こう しょ） 天から暑気が降りてくる夏。

採暖（さい だん） 暖を取ること。
「一のための装置」

晴暖（せい だん） 晴れて暖かいこと。
類晴暄（せいけん）

足熱（そく ねつ） 足を温めること。
「頭寒一」

暖衣（だん い） 服を十分着て暖かくすること。また、暖かい衣服。
「一飽食」

暖気（だん き） 暖かい気候。
「春の日の一」

暖色（だん しょく） 暖かい感じの色。
類温色（おんしょく） 対寒色（かんしょく）

暖和（だん わ） 気候が暖かで穏やかなこと。
「天気も一で春のようだ」

生暖かい（なま あたた） なんとなく暖かい。
「1月というのに一風が吹く」

生暑い（なま あつ） なんとなく暑い。

温もり（ぬく） あたたかみ。
「肌の一」

温い（ぬる） 熱さが不十分である。
「一風呂に入る」

熱っぽい（ねつ） 熱があるようだ。
「熱っぽくて食欲もない」

微温（び おん） わずかに温かいこと。
「一湯」

仄暖かい（ほの あたた） ほのかに暖かい。

蒸す（む） 蒸気で物を熱する。また、温度・湿度が高く風がなくて蒸し暑く感じる。

暑い時

暑さ盛り（あつ ざか） 一年で一番暑い時期。
「8月の一」

九暑（きゅうしょ）陰暦4月、5月、6月の90日間の暑さ。

向暑（こうしょ）日増しに暑くなること。「一の候」

三寒四温（さんかんしおん）冬、寒い日が3日続いたのち、4日間ぐらい暖かい日が続くこと。[冬]

残暑（ざんしょ）立秋を過ぎても残る暑さ。[秋] 類残熱・残炎 「一が厳しい」

十月の小春（じゅうがつのこはる）陰暦10月の春のように暖かい日和。小春日和。

秋暑（しゅうしょ）残暑。「連日の一」

春温（しゅんおん）春の暖かさ。

春暖（しゅんだん）春の暖かさ。「一の候」

暑気（しょき）夏の暑さ。「一あたり／一払い」

暑月（しょげつ）暑い季節。

暑熱（しょねつ）夏の暑さ。「一を避ける日陰」

新暖（しんだん）初夏の暖かさ。[夏]

清暑（せいしょ）涼しい夏。また、暑さを消して涼しくすること。

盛暑（せいしょ）夏の暑い盛り。「8月の一の頃」

照り土用（てりどよう）夏の土用の間、晴天が続くこと。

残る暑さ（のこるあつさ）秋になって残る暑さ。[秋]

薄暑（はくしょ）初夏のわずかな暑さ。[夏]

春暑し（はるあつし）晩春の暑さが夏のようであること。[春]

苦しい暑さ

暑苦しい（しょくるしい）暑さがひどくて苦しい。「暑苦しくて寝付けない」

うだる 暑さのために体がぐったりする。「一ような暑さが続く」

温気（うんき）暑さ。特に、蒸し暑い空気。「小雨のもたらす湿っぽい一」

炎暑（えんしょ）真夏のはなはだしい暑さ。「40度を超す炎暑に喘ぐ」

炎天（えんてん）真夏の焼けるように暑い日差しの天気。[夏]

炎熱（えんねつ）太陽の照りつける夏の暑さ。「一の太陽が照りつける」

夏熱（かねつ）夏の暑さ。

旱暑（かんしょ）日照りで暑いこと。

金を焦がし石を流す（きんをこがしいしをながす）金が焦げ、石が溶けて流れ出すほどの猛暑。

草いきれ（くさいきれ）夏の強い日光を受けて草むらから生じるむっとする熱気。[夏]

激暑（げきしょ）はげしい暑さ。劇暑とも書く。「数十年ぶりの一」

厳暑（げんしょ）厳しい暑さ。対厳寒「一の候」

16

酷暑 こく しょ ひどく暑いこと。
「盆地特有の—」

極暑 ごく しょ 極めて暑いこと。[夏]対**極寒**
「—の頃に咲く花」

酷熱 こく ねつ 非常に厳しい暑さ。
「—の砂漠」

灼熱 しゃく ねつ 焼けて熱くなること。また、焼け付くように熱いこと。
「—の太陽」

焦暑 しょう しょ 焦げるような厳しい暑さ。

蒸暑 じょう しょ 蒸し暑いこと。
「甚だしい—」

焦熱 しょう ねつ 焦げるような暑さ。
「—の地／—地獄」

甚暑 じん しょ はなはだしい暑さ。

照りつける て 太陽が強く照る。
「夏の太陽がじりじりと—」

熱波 ねっ ぱ 夏に気温が著しく上昇し、持続する現象。対**寒波**

避暑 ひ しょ 涼しい都市に行って夏の暑さを避けること。[夏]対**避寒**
「軽井沢へ—に行く」

人いきれ ひと 人がたくさん集まって、体の熱気やにおいでむんむんすること。
「会場は—するほど混み合っていた」

防暑 ぼう しょ 暑さを防ぐこと。対**防寒**
「—服」

火照る ほ て 顔や体が熱を帯びる。
「顔が—」

蒸し暑い む あつ 風がなくて湿気が多く暑い。

猛暑 もう しょ 激しい暑さ。
「耐え難い—」

焼け付く や つ 焼けてくっつく。
「—ような暑さ」

その他の表現

温暖化・暖冬

17

さむい・すずしい

→ あたたかい・あつい／雪・氷／露・霜

基本の表現 [寒い・寒々・寒気・寒冷・肌寒い・涼しい・
涼やか・冷える・冷え込む・冷ややか・冷気]

寒い

秋小寒（あきこさむ） 秋も終わりに近づいた頃の寒さ。

秋寒（あきさむ）[秋] 秋が来たことを思わせる寒さ。

朝寒（あさざむ） 秋の明け方のうすら寒さ。[秋]

凍て返る（いてかえる） 春になって暖かくなりかけて、また急に寒くなる。[春]

凍てつく（いてつく） こおりつく。「―ような寒風」

凍てる（いてる） こおりつく。[冬]「これからが一番―一時間だ」

薄ら寒い（うすらさむい） なんとなく寒い。「初夏だというのに―毎日だ」

うそ寒い（うそさむい） なんとなくさむざむとした感じだ。「雪でも降りそうな―夜」

悴む（かじかむ） 手足が凍えて思うように動かなくなる。[冬]「手足が―寒さ」

寒威（かんい） 寒さのいきおい。「―凛冽（りんれつ）」

寒宵（かんしょう） 冬の夜。

寒地（かんち） 寒い土地。「―農業」

寒天（かんてん） さむざむとした冬の空。[冬]「―に着るものもない窮状」

寒の戻り（かんのもどり） 春になってから、一時的に寒さがぶり返すこと。

寒波（かんぱ） 冷たい寒気団が広範囲に流れ出す現象。「―の襲来」

寒夜（かんや） 寒い、冬の夜。[冬]「―の星」

苦寒（くかん） ①寒さに苦しむこと。陰暦12月の異称。②貧困に苦しむこと。

小寒い（こさむい） なんとなく寒い。「―空気の中を行く」

冴え返る（さえかえる） ①光・音などが澄み切る。②春になってから、寒さがぶり返す。

残寒（ざんかん） 春になってもなお寒いこと。「春雪と―」

凍みる（こみる） 温度が低くなって水などが凍る。

春寒（しゅんかん） 春になってからぶり返した寒さ。[春]「―料峭（りょうしょう）の候」

底寒い（そこざむ）身体のしんまで冷えるように寒い。
「日が照らず一日が続いた」

底冷え（そこび）身体のしんまで冷える（ように寒い）こと。
「一のする夜」

漫ろ寒（そぞさむ）なんとなく寒さを覚えること。[秋]

露寒（つゆざむ）露の降り始める頃の、晩秋のはだ寒さ。[秋]

梅雨寒（つゆざむ）梅雨の時期に時々訪れる寒さ。[夏]

花冷え（はなび）桜が咲く頃、陽気が定まらず、一時的に寒くなること。[春]

避寒（ひかん）冬の寒さを避けて気候の暖かい土地へ行くこと。[冬]

稍寒（ややさむ）秋になって、少し寒さを感じること。[秋]

凜然（りんぜん）①寒さの厳しいさま。②りりしいさま。

凜々（りんりん）①寒気の厳しいさま。②勇ましいさま。

凜冽（りんれつ）寒さが厳しく身にしみいるさま。凜烈とも書く。
「寒気一」

涼しい

朝冷え（あさび）秋が深まってからの朝の冷ややかさ。[秋]
「一で手がかじかむ」

清涼（せいりょう）涼しく爽やかなこと。
「高山の一な空気」

早涼（そうりょう）初秋のすずしさ。

爽涼（そうりょう）気候がさわやかで涼しいこと。
「一な朝風」

梅雨冷え（つゆび）梅雨の季節に急に冷えること。[夏]

端居（はしい）（涼を取るために）家の端近くに出て座っていること。[夏]

微涼（びりょう）わずかに涼しいこと。

涼感（りょうかん）涼しそうな感じ。
「一をさそう」

涼気（りょうき）涼しい空気。
「朝の一」

涼味（りょうみ）涼しさ。
「一をそそる」

冷涼（れいりょう）ひややかで涼しいさま。
「一な気候」

その他の表現

コールド・クール
ガクガク・キンキン・しんしん・しんと・ぞくぞく・ぞくっと・ひやっと・ひやひや・ひやりと・ひんやり・ぶるぶる・冷え冷え

雨（降るさま）

→ 雷／霧・靄／雲／雪／氷／露・霜

基本の表現
雨・大雨・小雨・大降り・小降り・強雨・長雨・
雨水・雨降り・雨天・降雨・多雨・風雨・猛雨

良い雨・悪い雨

陰雨（いんう）　長く降り続く陰気な雨。淫雨とも書く。

お湿り（おしめり）　適度の雨。「いい―ですね」

快雨（かいう）　気分がさっぱりとするような雨。

甘雨（かんう）　草木を潤す雨。「日照りが続いた後の―」

甘露の雨（かんろのあめ）　天の恵みの雨。

好雨（こうう）　ちょうど良いときに降る雨。

膏雨（こうう）　農作物をうるおす雨。「仁風―」
＊「膏」はうるおす意。

瑞雨（ずいう）　穀物の成長を助ける雨。

涙雨（なみだあめ）　悲しみの涙が化して降るという雨。葬式などの時に降る雨。「虎御前の―」
＊「ほんの少しだけ降る雨」の意もある。

潦（にわたずみ）　雨が地上にたまって流れる水。行潦・潢潦とも書く。

遣らずの雨（やらずのあめ）　帰ろうとする人を引き留めるかのように降り始める雨。「帰京の朝に降り出すとは、まさに―だ」

雨の様子

雨間（あまあい）　一時的に雨がやんでいる間。「―を見計らって出かけよう」

雨脚（あまあし）　雨の通り過ぎていくさま。「―が速い／激しい―」
＊「筋のように降り注ぐ雨」という意も。

雨模様（あまもよう）　雨の降りそうな空の様子。雨催い・あめもようとも。「―の空」
＊「雨催い」は古風な表現。近年は雨が降っている時にも使われる。

雨宿り（あまやど）　雨のやむのを待つこと。「軒下で―する」

雨上がり（あめあ）　雨のやんだすぐあと。「―の気持のいい空気」

雨滴（うてき）　雨のしずく。また、あまだれ。あましだりとも。「窓をたたく―の音」

煙雨（えんう）　煙るように降る細かい雨。「風月―」

狐の嫁入り（きつねのよめいり）　日が照っているのに小雨が降ること。

20

*「狐火が多く連なったもの」の意も。

狐日和〔きつね び より〕照ったり降ったりして一定しない天気。

急雨〔きゅう う〕にわか雨。「—に遭って難儀する」

霧雨〔きり さめ〕霧のように細かい雨。「終日—が降り続けた」

豪雨〔ごう う〕激しく降る雨。「—をもたらした台風」

黒風白雨〔こく ふう はく う〕風が激しく吹き、雨が強くふること。

小糠雨〔こ ぬか あめ〕小糠のように非常に細かい雨。「車窓に煙る—」

細雨〔さい う〕細かい雨。「—の中に立つ友」

山雨〔さん う〕山に降る雨。また、山の方から降り始める雨。「冷たい晩秋の—」

地雨〔じ あめ〕同じような強さで長く降り続く雨。「夕立が—になった」

糸雨〔し あめ〕糸のような雨。「春の—」

篠突く雨〔しの つ あめ〕篠を束ねて突き降ろすように激しく降る雨。「—の中を走って行った」

車軸を流す〔しゃ じく なが〕（車軸のように太い雨という意から）大雨が降ること。「—ような大雨」

宿雨〔しゅく う〕連日降り続く雨。*「前夜からの雨」という意も。

甚雨〔じん う〕ひどく降る雨。「—で洪水となった」

積雨〔せき う〕連日降り続く雨。「—がようやく晴れた」

疎雨〔そ う〕まばらに降る雨。疏雨とも書く。

漫ろ雨〔そぞ あめ〕いつまでもやまずに降る雨。「—に遭い、足止めを食った」

袖笠雨〔そで がさ あめ〕袖を笠にしてしのげるくらいのわずかな雨。

鉄砲雨〔てっ ぽう あめ〕激しく弾丸のように降る大粒の雨。

照り降り雨〔て ふ あめ〕照ったり降ったりして不安定な空模様。「—のような気質」

天気雨〔てん き あめ〕日が照っているのに降る小雨。

天水〔てん すい〕天から降る雨水。また、空と水。

通り雨〔とお あめ〕さっと降ってすぐにやんでしまう雨。「—が過ぎる」

土砂降り〔ど しゃ ぶ〕雨が激しく降ること。「夜から—になった」

俄か雨〔にわ あめ〕突然降り出してすぐにやんでしまう雨。「—に遭って風邪を引いた」

糠雨〔ぬか あめ〕非常に細かい雨。「霧のような—」

沛雨〔はい う〕激しく降る雨。「風を交えた—」

白雨〔はく う〕明るい空から降る雨。

微雨〔び う〕小降りの雨。「—薄寒」

21

天

雨（降るさま）

肘笠雨_{ひじかさあめ} にわか雨。急に降り出して、笠をかぶる暇もなく肘をかざして袖を笠のかわりにすることから。

日照り雨_{ひでりあめ} 日が照っているのに降る雨。天気雨。
「かすかな―が降っている」

一雨_{ひとあめ} 一回の雨降り。
「―来そうだ／―欲しい」

吹き降り_{ふきぶり} 強い風を伴って雨が降ること。
「霙_{みぞれ}交じりの―」

降りみ降らずみ_{ふりみふらずみ} 降ったりやんだり。
「―の空模様」

暴風雨_{ぼうふうう} 激しい風雨。「―を考慮して設計された建物」

本降り_{ほんぶり} 本格的に雨が降ること。
「夜から―になる」

村雨_{むらさめ} 激しく降ってすぐにやむ雨。
「パラパラと―が来る」
　＊語源は「群がって降る雨」とも「むら気な雨」とも。

濛雨_{もうう} 濛々と空をかき曇らせて降る小雨。

横殴り_{よこなぐり} 風雨などが横から強く吹きつけること。
「雨が―に降る」

霖雨_{りんう} 幾日も降り続く雨。
「―続きの空」

冷雨_{れいう} 冷たい雨。
「凄風―」

零雨_{れいう} 小雨。

私雨_{わたくしあめ} 狭い範囲だけに降るにわか雨。
「山間の―」

その他の表現

レイン・シャワー
ざーざー・さーっと・ざーっと・ざんざん・しっとりと・しとしと・じとじと・じゃーじゃー・じゃんじゃん・しょぼしょぼ・ぱらつく・ばらばら・ぱらぱら・ぱらりぱらり・びしゃびしゃ・ピチピチ・ぼたぼた・ぽたぽた・ぽつぽつ・ぽつりぽつり・ぽつんぽつん・わーっと
バケツをひっくり返したような雨・滝のような雨・大粒の雨

22

雨 （時間・季節）

→ 雷／霧・靄／雲／雪・氷／露・霜

基本の表現 ［ 夕立 ゆうだち ・梅雨 つゆ ・雷雨 らいう ］

時間の雨

暁雨 ぎょうう 夜明けに降る雨。
「―の名残」

朝雨 ちょうう 朝に降り出す雨。
「静かな―が降る」

七つ下がりの雨 なな さ あめ 午後4時過ぎに降り出す雨。なかなかやまないものの例えに言う。

暮雨 ぼう 夕暮れに降る雨。

夜雨 よさめ 夜に降る雨。**やう**ともいう。
「蕭々 しょうしょう たる―の音」

春の雨

木の芽流し き めなが 早春、樹木の芽吹く頃に降る長雨。

紅雨 こうう 春、花に降り注ぐ雨。＊赤い花の散るさまを雨に例えていうことも。

催花雨 さいかう 春、花の咲くのを促すように降る雨。
＊「催花」が「菜花」に通ずることから「菜花雨」に転じ、やがて「菜種梅雨」になったとする説もある。

桜雨 さくらあめ 桜の花が咲く頃に降る雨。
「―に散った花びら」

春霖 しゅんりん 春の長雨。［春］

暖雨 だんう 温かい雨。春の雨をいう。

菜種梅雨 なたねづゆ 菜の花の盛りのころに降る長雨。［春］
「―が明けるのを待つ」

麦雨 ばくう 麦の実る頃降る雨。晩春・初夏の雨。

花の雨 はな あめ 桜の花に降る雨。［春］また、桜の咲く頃に降る雨。

春雨 はるさめ 春の静かに降る雨。**しゅんう**もいう。［春］
「―がしとしと軒を打つ」

春時雨 はるしぐれ 春、急に降ってはやむ雨。
「冷たい―に濡れながら行く」

夏の雨

青梅雨 あおつゆ 新緑に降りそそぐ梅雨。［夏］

卯の花腐し う はなくた 卯の花月（陰暦4月）のころ、卯の花を腐らせるほど長く続く雨。［夏］
「さす傘も―もちおもり（久保田万太郎）」

23

送り梅雨（おくりづゆ）梅雨明けの際の雨。雷をともない、時に豪雨になる。

喜雨（きう）日照りが続いた後に降る雨。[夏]

五月雨（さみだれ）陰暦5月頃に降る長雨。梅雨。**さつきあめ**ともいう。[夏]
「―の降り続く午後」

慈雨（じう）万物を潤し育てる雨。[夏]
「干天の―」

驟雨（しゅうう）急に降り始め、すぐにやむ雨。[夏]
「―の中に雷鳴が響く」

翠雨（すいう）草木の青葉に降り注ぐ雨。

青雨（せいう）草木の青葉に降り注ぐ雨。

曽我の雨（そがのあめ）（曽我兄弟があだ討ちをした陰暦5月28日は雨であったところから）陰暦5月28日に降る雨。

梅雨（つゆ）6月ごろに降り続く長雨。[夏]

虎が雨（とらがあめ）陰暦の5月28日に降る雨。「ひとたびの虹のあとより―（阿波野青畝）」

戻り梅雨（もどりづゆ）梅雨が明けた後に、再び梅雨のような気象になること。類返り梅雨

夕立（ゆうだち）夏の午後に降る激しいにわか雨。雷を伴うことが多い。[夏]

横時雨（よこしぐれ）横から吹き付けるように降る時雨。「窓に打ち付ける―の音で目覚めた」

雷雨（らいう）雷鳴を伴った雨。[夏]

涼雨（りょうう）涼しさをもたらす夏の雨。「一陣の―」

緑雨（りょくう）新緑の頃に降る雨。

秋の雨

秋雨（あきさめ）秋に降る雨。[秋]

秋時雨（あきしぐれ）秋の末の時雨。[秋]

秋湿り（あきじめり）梅雨のように降り続く秋の長雨。また、そのため空気が湿っていること。[秋]

秋入梅（あきついり）秋の長雨。また、その時期に入ること。[秋]

時雨（しぐれ）秋の末から冬の初めごろに、降ったりやんだりする小雨。
＊「時雨心（ごころ）」はほどよいときに降る雨。

秋霖（しゅうりん）秋の長雨。[秋]
「―に見舞われ、秋の気配を色濃く感じるこの頃」

冬の雨

液雨（えきう）陰暦10月頃降る雨。しぐれ。立冬後10日を「入液」、小雪（しょうせつ）を「出液」と呼び、この間に降る雨。

片時雨（かたしぐれ）限られた範囲で降る時雨。[冬]
「山の辺ではひとしきり―が降った」

寒雨（かんう）冬の冷たい雨。「―に降られて体が冷え切った」

寒九の雨（かんくのあめ）寒に入って9日目の雨。豊作の兆しとされる。

「—を喜ぶ農家」

小夜時雨
<ruby>小<rt>さ</rt>夜<rt>よ</rt>時<rt>しぐれ</rt>雨</ruby> 夜に降る時雨。[冬]

凍雨
<ruby>凍<rt>とう</rt>雨<rt>う</rt></ruby> 氷のように冷たい冬の雨。

初時雨
<ruby>初<rt>はつ</rt>時<rt>しぐれ</rt>雨</ruby> その年最初の時雨。[冬]

村時雨
<ruby>村<rt>むら</rt>時<rt>しぐれ</rt>雨</ruby> ひとしきり激しく降ってはやみ、やんでは降る雨。
叢時雨とも書く。[冬]
「—山から小僧ないて来ぬ(小林一茶)」

雨の慣用句・ことわざ

雨夜の月
<ruby>雨<rt>あま</rt>夜<rt>よ</rt>の月<rt>つき</rt></ruby> あっても見えないもののたとえ。**雨夜の星**とも。

雨晴れて笠を忘る
<ruby>雨<rt>あめ</rt>晴<rt>は</rt>れて笠<rt>かさ</rt>を忘<rt>わす</rt>る</ruby>
苦しい時に受けた恩を、その時が過ぎると忘れることのたとえ。

雨降って地固まる
<ruby>雨<rt>あめ</rt>降<rt>ふ</rt>って地<rt>じ</rt>固<rt>かた</rt>まる</ruby>
争いがあってかえって前よりうまくいくようになること。

雨後の筍
<ruby>雨<rt>う</rt>後<rt>ご</rt>の筍<rt>たけのこ</rt></ruby> 物事が次々に出てくるたとえ。

馬の背を分ける
<ruby>馬<rt>うま</rt>の背<rt>せ</rt>を分<rt>わ</rt>ける</ruby> 夏の夕立が馬の背の片側には降り、もう片側には降らないくらい、局所的に降ること。

その他の表現

御足元の悪い中・酸性雨・断続的な雨・傘が手放せない一日・あいにくの雨・雲行きが怪しい・すっきりしない天気スコール

風・嵐（吹くさま）

→ 雨／雲

基本の表現 ［ 風・嵐・北風・南風・強風・無風 ］

強い風・弱い風

一陣（いちじん）風や雨がひとしきり吹いたり、降ったりすること。
「一の風」

陰風（いんぷう）陰気で不気味な風。

追い風（おいかぜ）人や船が進む方向に吹く風。順風。対向かい風
「船に乗り、一を待って出航する」

大風（おおかぜ）強く激しく吹く風。
「一が吹いて近所の塀が倒れた」

逆風（ぎゃくふう）進行方向から吹いてくる風。向かい風。対順風
「一をついて船を出した」

狂風（きょうふう）狂ったように強く吹き荒れる風。
「一に帽子を飛ばされた」
＊「常軌を逸した振る舞い・風潮」の意も。

颶風（ぐふう）強く激しい風。
「雨交じりの一に悩まされた」

軽風（けいふう）そよ風。また、風力階級2の風。
「野原から吹いてくる快い一」

勁風（けいふう）激しく吹く風。
「一にあおられ、今にも折れそうな小枝」

光風（こうふう）晴れた春の日に吹く、気持ちよい風。
「一霽月（せいげつ）〔＝さわやかな風と晴れた月。わだかまりのない気持ちのたとえ）」

五風十雨（ごふうじゅうう）五日に一度風が吹き、十日に一度雨が降る意。気候が順調なこと。また、天下が穏やかに治まっていること。
「一の太平の世」

疾風（しっぷう）はやく吹く風。また、風力階級5の風。はやて。
「一のように去って行った」

順風（じゅんぷう）船の進む方向に吹く風。追い風。対逆風
「旅は好天と一に恵まれた／一満帆」

蕭々（しょうしょう）風雨・落葉などの音のものさびしいさま。
「風一たる冬木立」

西風（せいふう）西から吹く風。また、秋風。
「竹藪（たけやぶ）が一に音を立てている」

清風（せいふう）さわやかな風。
「緑蔭（りょくいん）一」

晴嵐（せいらん）晴れた日にたつかすみ。また、晴れた日に吹く山風。
「一が梢（こずえ）を鳴らす」

旋風（せんぷう）激しく渦巻き状に吹く風。つむじかぜ。

26

＊突発的に生じて社会に大きな影響を与えるもののたとえにも。「学界に一を巻き起こす発表」

微風（そよかぜ・ふうとも） そよそよと静かに吹く風。び

「湖から一が吹く」

竜巻（たつまき） 局地的に起きる猛烈な旋風。海水・砂・人畜・住居・船などが巻き上げられることがある。

＊竜が天に昇るように見えることからいう。

長風（ちょうふう） 遠くまで吹いていく風。遠くから吹いてくる風。

「一万里」

天狗風（てんぐかぜ） 突然激しく吹き下ろす風。「一が吹き下ろす」

天籟（てんらい） （「籟」は笛の音や響きのこと）風などの自然に鳴る音。

＊絶妙な詩歌の意も。

時つ風（ときつかぜ） ちょうどいいときに吹く風。

突風（とっぷう） 突然強く吹く風。「一にあおられる」

軟風（なんぷう） そよ風。また、風力階級3の風。「海一」

爆風（ばくふう） 爆発によって起こる強い風。「一に吹き飛ばされる」

飆風（ひょうふう） つむじ風。暴風。**飄風**とも書く。

風位（ふうい） 風向。

風声（ふうせい） 風の音。「一鶴唳（かくれい）〔＝風の音と鶴の鳴き声。小さな物音にも恐れることのたとえ〕」

＊「うわさ」の意も。

暴風（ぼうふう） 激しく吹く風。「一域」

帆風（ほかぜ） 船の進行方向に吹く風。順風。「一を受けて船が進む」

向かい風（むかいかぜ） 進行方向から吹いてくる風。向こう風。**対追い風**

雄風（ゆうふう） ①勢いよく吹くすがすがしい風。また、風力階級6の風。②勇ましいさま。

烈風（れっぷう） 強く吹く風。「一にはためく旗」

和風（わふう） 穏やかな風。また、風力階級4の風。

＊「日本風」の意も。

場所の風

海風（うみかぜ） 海上を吹く風。海から吹いてくる風。**かいふう**とも。

「一が潮の香りを運んでくる」

浦風（うらかぜ） 海辺を吹く風。「一の中に聞こえる琴の音」

上風（うわかぜ） 草木などの上を吹き渡る風。**対下風（したかぜ）**

「荻の一」

嵐（おろし） 山地から吹き下ろす強い風。「山から冷たい一が吹く」

川風（かわかぜ） 川を吹き渡る風。「一に吹かれる」

潮風（しおかぜ） 潮気を含んだ海から吹く風。「一の香りをかぐ」

時化（しけ） 風雨のため海が荒れること。「一で魚の値が上がる」

＊海が荒れることによる不漁や、興行で客の入りが悪いことにも。

松風（しょうふう） 松の木に吹く風。まつかぜともいう。

「聞こえるのは―の音だけだ」

松籟（しょうらい） 松に吹く風の音。類**松韻**（しょういん）・**松濤**（しょうとう）

「―と波の音」

谷風（たにかぜ） 日中に平地から谷に向かい山腹を吹き上がる風。

「―が吹き上がる」

浜風（はまかぜ） 浜に吹く風。

「―がそよそよと吹く」

風竹（ふうちく） 風にそよぐ竹。

「―の音だけが響き残る」

風葉（ふうよう） 風に吹かれて散っていく葉。

「―の降りしきる小道」

風林（ふうりん） 風にそよぐ林。

「―の中へと入っていく」

偏西風（へんせいふう） 中緯度地方の上空を西から東へ吹く風。

嶺渡し（みねわたし） 高い山から吹き下ろす風。

山嵐（やまあらし） 山から吹き下ろす嵐。＊柔道の投げ技にも。

山風（やまかぜ） 山から吹き下ろす風。

「強烈な―が吹き下ろす」

山谷風（やまたにかぜ） 山の斜面に沿って吹く風。昼は平野部から山間の谷に向かって谷風が吹き、夜は谷間から平野部に山風が吹く。

陸風（りくかぜ） 陸から海に向かって吹く風。

「夜に吹く―」

その他の表現

アゲンスト・ウィンド・ジェットストリーム・ストーム・トルネード・フォロー・ブリーズゴーゴー・さやさや・さわさわ・ざわざわ・すうすう・そよそよ・ヒューヒュー・ビュービュー・ピューピュー・ビュンビュン

28

風・嵐（時間・季節）

→ 雨／雲

基本の表現 ［ 朝風・夕風・夜風・春風・秋風・冬風 ］

時間の風

朝戸風（あさとかぜ） 朝、戸を開けたときに吹き込む風。

小夜嵐（さよあらし） 夜吹く強い風。
「—が軒を鳴らして過ぎてゆく」

晨風（しんぷう） 朝吹く風。

昼夜風（ちゅうやふう） 昼と夜とで風向きが反対になる風。

夜嵐（よあらし） 夜に吹く強い風。
「—が花を散らす」

春の風

貝寄せ（かいよせ） 陰暦2月20日前後に吹く西風。[春]
＊貝を浜辺に吹き寄せる風の意で、大阪四天王寺の聖霊会（しょうりょうえ）に供える造花の材料の貝を竜神が難波の浜にささげるものと言い伝える。

花信風（かしんぷう） 初春の風。花の咲く時節の到来を告げる風。

恵風（けいふう） 恵みの風。春風。
＊陰暦2月の異称。

春風（しゅんぷう） 春に吹くおだやかな風。**はるかぜ**ともいう。[春]
「心地よい—に吹かれる」

涅槃西風（ねはんにしかぜ） 陰暦2月15日の涅槃会の前後に吹く風。[春]

花嵐（はなあらし） 桜の花の咲く頃に吹く強風。
＊「盛んに桜の花びらが散ること」の意も。

春嵐（はるあらし） 春の嵐。[春]
「春眠をうつ春霰（はるあられ）—（前田普羅）」

春荒れ（はるあれ） 春嵐。

春一番（はるいちばん） 立春を過ぎて最初に吹く暖かい南風。[春]
「関東地方で—が吹く」

夏の風

青嵐（あおあらし） 青葉の頃に吹くやや強い風。**せいらん**ともいう。[夏]
「さわやかな—」

温風（おんぷう） あたたかい風。春の風。[夏]
＊「暖房装置が送り出す空気の流れ」の意も。

凱風（がいふう） 初夏に南から吹くそよ風。
「—快晴」
＊「凱」はやわらぐ意。

黒南風（くろはえ） 梅雨の初めに吹く南風。[夏]
「—の岬に立ちて呼ぶ名なし（西東三鬼）」

29

薫風（くん ぷう）初夏に若葉の香りを漂わせて吹く南風。[夏]

「木々の梢を吹き渡る—」

白南風（しら は え）梅雨明けの頃、南から吹く風。[夏]

「—や樽に犇めく鰹の尾（瀧春—）」

涼風（すず かぜ）夏の終わりに吹く涼しい風。りょうふうともいう。[夏]

「夏の夕べの—」

南風（なん ぷう）南から吹く風。[夏]

「生暖かい—が吹く」

熱風（ねっ ぷう）高温の風。[夏]

「—で息が詰まりそうだ」

山背（やま せ）三陸地方などで夏に吹く北東風。[夏]

＊もとは、山の頂上から吹きおろす風の意。長く続くと冷害の原因になる。

緑風（りょく ふう）青葉を吹き渡る初夏の風。

「—が若葉を揺らす」

秋の風

金風（きん ぷう）（五行説で秋は金に当たることから）秋風。[秋]

秋風（しゅう ふう）秋に吹く風。[秋]

＊海が荒れることによる不漁や、涼しい風の意にも。

台風（たい ふう）夏から秋に南洋の海上に発生し、日本などを襲う強い暴風雨。[秋]

「—が日本を縦断した」

野分（の わき）野の草をわけて吹く意で、二百十日前後に吹く暴風。[秋]

初嵐（はつ あらし）秋の初めに吹く強い風。[秋]

豆台風（まめ たい ふう）小さな台風。

「—が通り過ぎる」

冬の風

神渡し（かみ わた し）陰暦10月に吹く西風。[冬]

＊出雲大社に渡る神々を送る意。

空っ風（から かぜ）雨や雪を伴わない乾燥した冷たい強風。冬に関東地方などで吹くことが多い。[冬]

「上州名物の—」

寒風（かん ぷう）冬の寒い風。[冬]

「—吹きすさぶ中を歩く」

木枯らし（こ が らし）木を吹き枯らす風の意で、秋の末から冬の初めに欠けて吹き荒れる冷たい風。凩とも書く。[冬]

「—の吹く寒い夜」

朔風（さく ふう）北風。[冬]

「凛冽たる—」

隙間風（すき ま かぜ）戸や障子の隙間から吹き込む寒い風。[冬]

＊親密だった間柄にへだたりができるたとえにも使う。

雪下ろし（ゆき お ろし）雪を伴って山から吹き下ろす風。[冬]

＊「屋根に積もった雪をかきおろすこと」の意も。

その他の表現

サイクロン・タイフーン・ハリケーン・モンスーン

雷

→ 雨／風・嵐／雲

基本の表現 [雷 ・ 稲妻]

光

稲魂（いなだま） 稲妻。いなびかり。稲に宿っている穀霊をはらますと信じられていたところから。

稲光（いなびかり） 雷の電光。いなずま。[秋]「西の方に一がした」

紫電（しでん） 紫色の電光。
*鋭い眼光、刀剣の鋭い光のたとえにも。

閃電（せんでん） 稲妻のひらめき。「一のごとく強い印象を与える」

電影（でんえい） いなずま。*中国では映画のこと。

電火（でんか） いなびかり。「一がひらめく」

電光（でんこう） いなびかり。「一石火」

電閃（でんせん） 稲妻がひらめくこと。また、刀が稲妻のようにひらめくこと。

電霆（でんてい） いなびかり。

幕電（まくでん） 遠くの雷の電光が雲に反射し、稲妻は見えないが雲全体が光って見える現象。

雷火（らいか） いなびかり。また、落雷による火事。

雷光（らいこう） いなびかり。「一が雲の中を走る」

流電（りゅうでん） いなずま。

音

地雷（じがみなり） 地に鳴り響く雷。*「じらい」と読むと兵器。

天鼓（てんこ） 雷鳴。天にあるという太鼓の名から。

天声（てんせい） 雷鳴。また、雷鳴のような大声。

万雷（ばんらい） ①多くの雷。②大きな音の形容。「一の拍手」

百雷（ひゃくらい） 多くの雷。*大音響・大声のたとえにも。

咆雷（ほうらい） ほえるようにとどろく雷鳴。

雷鼓（らいこ） 雷神が背に負うという太鼓。また、雷の鳴る音。

雷いろいろ

雷（いかずち） かみなり。[夏]*「厳（いか）つ霊（ち）」の意。

界雷（かいらい） 前線に伴って発生する雷。前線雷。

31

火山雷（かざんらい） 火山爆発の噴煙中に発生する火花放電。

神解け（かみとけ） 雷が落ちること。

雷雲（かみなりぐも） 電光・雷鳴・雷雨を伴う雲。らいうんともいう。
「発達した—が通過中」

雷様（かみなりさま） 雷の俗称。
「—が鳴り始めた」

急雷（きゅうらい） 急に鳴り出した雷。
「—のように世間を驚かせる」

激雷（げきらい） 激しくとどろく雷鳴。
「—がにわかに響く」

疾雷（しつらい） 急に鳴り響く激しい雷。
「—閃電」

迅雷（じんらい） 激しくなる雷。
「疾風—」

天雷（てんらい） かみなり。
「—のような大音声」

鳴神（なるかみ） かみなり。
「—月〔＝雷が多い月。陰暦6月の異称〕」
＊歌舞伎十八番のひとつにも。

霹靂神（はたたがみ） 激しい雷。[夏]

火雷（ひかみなり） 落雷して火災を起こす雷。

霹靂（へきれき） 雷。
「青天の—」

奔雷（ほんらい） 激しく鳴る雷。
「—のような叱声に我に返る」

水雷（みずかみなり） 雨を降らせる雷。また、落ちても火を出さない雷。
＊「すいらい」は水中で爆発させて敵艦を破壊する兵器。

雷撃（らいげき） 雷が落ちること。
＊魚雷攻撃の意も。

雷公（らいこう） 雷。雷さま。

雷神（らいじん） 雷を神格化したもの。[夏]
「風神—」

雷霆（らいてい） かみなり。「霆」ははげしい雷。
「ゼウスが放つ—」

落雷（らくらい） 雷が落ちること。
「神木に—した」

季節の雷

遠雷（えんらい） 遠くで鳴る雷。[夏]
「夏の午後の—」

寒雷（かんらい） 冬になる雷。降雪の前になるものを「雪起こし」と呼ぶ。

春雷（しゅんらい） 春になる雷。[春]
「遠くに—を聞く」

日雷（にちらい） 雨を伴わずに起こる雷。[夏]

初雷（はつがみなり） その年に初めて鳴る雷。はつらいとも。[春]

虫出雷（むしだしかみなり） 春の初雷。啓蟄の頃によく鳴ることから。

雪起こし（ゆきおこし） 雪が降る前に発生する雷。大雪の前触れとされる。[冬]

その他の表現

サンダー・サンダーボルト・ライトニング

ごろごろ・どすん・ばりばり・ぴかっ・ぴかぴか

32

霧・靄

→ 雨／雲

基本の表現
「霧・靄・霞
秋霧・夏霧・濃霧・朝靄・春靄・春霞・夏霞」

霧

霧 きり 地表や水面の近くで水蒸気が凝結して無数の微小な水滴となり、浮遊している現象。[秋]

朝霧 あさぎり 明け方に立つ霧。[秋]
「—の降りた谷」

雨霧 あまぎり 小雨のような霧。
「—で周りが全く見えない」

細小波 いさらなみ 霧の異名。
「辺り一面に—が立ちこめる」

薄霧 うすぎり 薄くかかった霧。
「男の姿が—のなかにぼんやり見えた」

雲霧 うんむ ①雲と霧。
②迷いやわだかまり。
「胸裏の—」

煙霧 えんむ 煙と霧。また、スモッグ。
「町の灯が、—でかすんで見える」

大霧 おおぎり 深く立ちこめた霧。
「—の日に行くには危険な山道だ」

海霧 かいむ 海上に立つ霧。[夏]
「氷と—に閉ざされた島」

川霧 かわぎり 川に立つ霧。
「対岸の少女は、—に隠れたま

ま姿を消した」

暁霧 ぎょうむ 明け方の霧。
「朝日が—にやわらかく反射する」

霧時雨 きりしぐれ 時雨が降るように深く立ちこめた霧。
「—富士を見ぬ日ぞ面白き(松尾芭蕉)」

氷霧 こおりぎり 水蒸気が凍って微細な氷の結晶となって立ちこめるもの。ひょうむともいう。

狭霧 さぎり 霧。[秋]
「—の立ちこめる夕暮れ」
＊「さ」は接頭語。

山霧 さんむ 山にかかる霧。やまぎりとも。
「深い—の間に見える木々の葉」

地霧 じぎり 地表付近に低くかかる霧。

湿霧 しつむ 地面のものが濡れるほど大きな水滴からなる霧。

宿霧 しゅくむ 前夜から立ちこめた霧。
「—が晴れて、山の姿を望めるようになった」

水霧 すいむ 川の上に立つ霧。
「川一面に—が立っている」

棚霧る たなぎる 霧や雲などが一面に立ちこめる。

33

「一夕暮れの町にたたずむ」

霧海 <ruby>霧<rt>む</rt></ruby><ruby>海<rt>かい</rt></ruby> 霧が海のように一面に立ちこめているさま。

「雲波一」

霧中 <ruby>霧<rt>む</rt></ruby><ruby>中<rt>ちゅう</rt></ruby> 霧の中。

「五里一」

霧杳 <ruby>霧<rt>む</rt></ruby><ruby>杳<rt>よう</rt></ruby> 霧が立ちこめて見通しが悪い。

「一の中をさ迷い歩く」

霧湧 <ruby>霧<rt>む</rt></ruby><ruby>湧<rt>よう</rt></ruby> 霧が湧き起こる。

「一の谷を下る」

斑霧 <ruby>斑<rt>むら</rt></ruby><ruby>霧<rt>ぎり</rt></ruby> まばらに立つ霧。

迷霧 <ruby>迷<rt>めい</rt></ruby><ruby>霧<rt>む</rt></ruby> 方角が分からないほど深い霧。また、心の迷い。

「一に閉ざされたようで途方に暮れる」

蒙霧 <ruby>蒙<rt>もう</rt></ruby><ruby>霧<rt>む</rt></ruby> 立ちこめる霧。転じて、心が晴れないこと。

「一が晴れない」

夕霧 <ruby>夕<rt>ゆう</rt></ruby><ruby>霧<rt>ぎり</rt></ruby> 夕方に立つ霧。

「一に満ちた街路」

妖霧 <ruby>妖<rt>よう</rt></ruby><ruby>霧<rt>む</rt></ruby> 怪しげな霧。邪悪な霧。

夜霧 <ruby>夜<rt>よ</rt></ruby><ruby>霧<rt>ぎり</rt></ruby> 夜にでる霧。[秋]

「一の海に響く汽笛」

靄

靄 <ruby>靄<rt>もや</rt></ruby> 空気中に小さい水滴などが浮遊し、遠方のものがかすんで見える状態。霧より見通しは良い。

靄々 <ruby>靄<rt>あい</rt></ruby><ruby>々<rt>あい</rt></ruby> 雲や靄がたなびくさま。また、穏やかなさま。

靄然 <ruby>靄<rt>あい</rt></ruby><ruby>然<rt>ぜん</rt></ruby> 雲や靄がたなびくさま。また、穏やかなさま。

雨靄 <ruby>雨<rt>あま</rt></ruby><ruby>靄<rt>もや</rt></ruby> 雨が降って立ちこめる靄。

「一のむこうに人影が見える」

煙嵐 <ruby>煙<rt>えん</rt></ruby><ruby>嵐<rt>らん</rt></ruby> 山中にかかったもや。

紫煙 <ruby>紫<rt>し</rt></ruby><ruby>煙<rt>えん</rt></ruby> 紫色の煙、靄。＊「たばこの煙」の意も。

秋嵐 <ruby>秋<rt>しゅう</rt></ruby><ruby>嵐<rt>らん</rt></ruby> 秋の山に満ちる靄。

晩靄 <ruby>晩<rt>ばん</rt></ruby><ruby>靄<rt>あい</rt></ruby> 夕暮れに立つ靄。

暮靄 <ruby>暮<rt>ぼ</rt></ruby><ruby>靄<rt>あい</rt></ruby> 夕暮れに立ちこめる靄。

「一に包まれた町」

夕煙 <ruby>夕<rt>ゆう</rt></ruby><ruby>煙<rt>けむり</rt></ruby> 夕方、煙のようにかかる靄。＊夕食の支度でかまどから立ち上る煙という意も。

夕靄 <ruby>夕<rt>ゆう</rt></ruby><ruby>靄<rt>もや</rt></ruby> 夕方に立ちこめる靄。

「一の彼方に灯が見える」

嵐気 <ruby>嵐<rt>らん</rt></ruby><ruby>気<rt>き</rt></ruby> 山中に立つ靄。

霞

霞 <ruby>霞<rt>かすみ</rt></ruby> 空気中に浮遊する小さな水滴などのために、遠くがはっきり見えなくなる現象。[春]

朝霞 <ruby>朝<rt>あさ</rt></ruby><ruby>霞<rt>がすみ</rt></ruby> 朝たつ霞。[春]

「一が一面にたなびいている」

薄霞 <ruby>薄<rt>うす</rt></ruby><ruby>霞<rt>がすみ</rt></ruby> 淡くかかった霞。

「春なれや名もなき山の一（松尾芭蕉）」

雲霞 <ruby>雲<rt>うん</rt></ruby><ruby>霞<rt>か</rt></ruby> 雲と霞。また、雲や霞のように見えるほど、人が大勢集まっていること。

「一の如き大軍」

煙霞 <ruby>煙<rt>えん</rt></ruby><ruby>霞<rt>か</rt></ruby> 煙と霞。靄と霞。また、ぼんやりと見える景色。

海市 <ruby>海<rt>かい</rt></ruby><ruby>市<rt>し</rt></ruby> 蜃気楼。[春]

春煙
しゅん えん　春の靄・霞。

翠煙
すい えん　緑色の煙。また、遠く緑樹などにかかる霞。

晴嵐
せい らん　晴れた日にたつ霞。
「粟津***あわつ***の―」

初霞
はつ がすみ　初春の頃にたつ霞。[新年]
「早春の―」

春の衣
はる ころも　霞を衣に見立てていう語。
「―をまとう山々」

晩霞
ばん か　夕方にたつ霞。また、夕焼け。
「―煙雨」

一霞
ひと かすみ　一面に覆う霞。また、一筋の霞。[春]
「大比叡やしの字を引て―(松尾芭蕉)」

群霞
むら がすみ　辺り一面にたちこめる霞。
「―の立ちこめる渓谷」

八重霞
や え がすみ　幾重にも立ちこめた霞。[春]

夕霞
ゆう がすみ　夕方にたつ霞。[春]
「オレンジ色に染まった美しい―」

慣用句

雲合霧集
うん ごう む しゅう　一時に群がり集まること。雲や霧が急激に生ずることから。

雲集霧散
うん しゅう む さん　多くのものが群がり集まったり、また散ったりすること。

霞に千鳥
かすみ ち どり　空高くかかる霞と低くとぶ千鳥、あるいは、春の霞と冬の千鳥ということで、たいそうへだたっていることのたとえ。

嘆きの霧
なげ きり　ため息によってできる霧。

霧消
む しょう　霧が晴れるように消え失せること。霧散。
「雲散―」

その他の表現

フォグ・ミスト・ガス・スモッグ

もくもく・もやもや・もやっと・うっすら・すーっと・ぼーっと・ぼやっと

35

雲

→ 雨／霧・霞／空

基本の表現 ［ 雲(くも)・雨雲(あまぐも) ］

雲級

雲級（うんきゅう） 雲の分類方式。形・出現高度や発達のしかたで分けたもの。

巻雲（けんうん） 高空に生じる、細い繊維状の雲。まきぐも。筋雲。絹雲。

巻積雲（けんせきうん） 高空にできる小さいまだらな雲。鱗雲。鯖雲。鰯雲。斑雲。

巻層雲（けんそううん） 高空に広がる薄い白い雲。薄雲。

高積雲（こうせきうん） まだらに浮かぶ白色または灰色の雲のかたまり。羊雲。斑雲。叢雲。

高層雲（こうそううん） 空をおおう灰色がかった薄い雲。朧雲。

積雲（せきうん） 晴れた日中に発達する白い雲。綿雲。

積乱雲（せきらんうん） 山のように垂直方向に発達した雲。夏に多い。入道雲。雷雲。夕立雲。雲の峰。

層雲（そううん） 低い空で層状に霧のように広がる雲。霧雲。

層積雲（そうせきうん） 低い空に生じる灰色または白みがかった雲。冬に多い。畝雲。叢雲。

乱層雲（らんそううん） 空全体をおおう灰色の暗い雲。雨や雪をともなう。

雨雲。雪雲。

雲

靉靆（あいたい） 雲の厚いさま。「雲が—とたなびく」

暗雲（あんうん） 今にも雨や雪が降ってきそうな、くらい雲。転じて、何か悪いことが起こりそうな気配。「—が（立ちこめる・漂う）」

陰雲（いんうん） 暗く空をおおう雲。「—を吹き払う強風」

浮雲（うきぐも） 空に浮かぶ雲。「—が西の空に流れていく」

薄雲（うすぐも） 薄く広がっている雲。「—の隙間から月が見えた」

雲影（うんえい） 雲の姿。「東の空に—を見る」

雲煙（うんえん） 雲と煙。転じて、雲と霞。「—過眼〔＝物事に執着しない〕」

雲海（うんかい） 高山や飛行機から見える、一面に広がり海のような雲。〔夏〕「—に浮かぶ竹田城」

雲彩（うんさい） 雲のいろどり。

朧雲（おぼろぐも） 高層雲の俗称。空一面に広がる雲で、雨の前兆とされる。
＊月や太陽にかかると、その姿がお

ぼろに見えることから。

風雲（かぜぐも）風が吹き始める前兆の雲。かぜくもともいう。

寒雲（かんうん）寒々とした雲。[冬]「―が低く垂れこめる」

閑雲（かんうん）静かに浮かぶ雲。「―野鶴を友とする〔＝悠々自適に暮らす〕」

慶雲（きょううん）めでたいことの前兆となる雲。けいうんともいう。「―が現れたとの記録が残る」

暁雲（ぎょううん）夜明けの雲。「眩（まばゆ）い―」

霧雲（きりぐも）霧のように広がった雲。「―が尽きない」

雲合い（くもあい）雲の様子。空模様。「―を見る」

雲脚（くもあし）雲が流れ動く様子。また、垂れ下がったように見える雲。「―が速い」

雲の波（くものなみ）波のように重なっている雲。

雲の峰（くものみね）盛夏、山の峰のようにわき立つ雲。[夏]「―がむくむくと盛り上がる」

行雲（こううん）空を行く雲。「―流水〔＝執着せず自然に任せる〕」

東雲（しののめ）明け方。また、明け方に東の空にたなびく雲。

秋雲（しゅううん）秋の雲。

曙雲（しょうん）あけぼのの雲。

瑞雲（ずいうん）めでたい雲。類祥雲「五彩―」

棚雲（たなぐも）空一面に広がっている雲。「空には―がかかっていた」

凍雲（とううん）雪を降らせそうな雲。「空を―が覆う冬の日」

飛雲（ひうん）空を飛んでいく雲。「―鶴翔」

微雲（びうん）わずかな雲。「―天に―だにない」

飛行機雲（ひこうきぐも）飛行機の航跡に発生する細長い雲。「夏の空に―が残る」

暮雲（ぼうん）夕暮れの雲。「美しい赤に染まる―」

密雲（みつうん）厚く重なった雲。「―に包まれた飛行機」

叢雲（むらくも）群がり集まった雲。**村雲・群雲**とも書く。「月に―花に風」

夕雲（ゆうぐも）夕方の雲。「沈む日に映える―」

夕立雲（ゆうだちぐも）夕立の降るときに出る雲。積乱雲。「―がどんどん大きくなる」

雪雲（ゆきぐも）雪を降らせる雲。[冬]「厚い―に遮られて暗い―日」

妖雲（よううん）不吉を予感させるような雲。「―が漂う天下の形勢」

横雲（よこぐも）横にたなびく雲。「空にはかすかに―が浮かぶ」

雷雲（らいうん）雷を伴う雲。**かみなりぐも**とも。[夏]「―のような真っ黒な煙」

乱雲（らんうん）乱れ飛ぶ雲。「―の間から月光がさした」

天
雲

雲の形

鼬雲（いたちぐも） 積乱雲の異名。

一尺八寸（いっしゃくはっすん） 近世、笠雲の異名。
＊笠の直径が一尺八寸であるところから。

鰯雲（いわしぐも） 小斑点状に群がり広がった雲。巻積雲。[秋]
＊漁師仲間で、イワシの大漁の前兆とするからとも、形がイワシの群れのように見えるからとも。

鱗雲（うろこぐも） 巻積雲の俗称。
＊鱗が並んだように見えることから。

笠雲（かさぐも） 高い山の頂にかかる笠状の雲。
「黒い一は風雨の前兆という」

鯖雲（さばぐも） 巻積雲の通称。

千切れ雲（ちぎれぐも） ちぎれちぎれの雲。類断雲・片雲
「空には少し一があるだけだ」

豊旗雲（とよはたぐも） 旗がなびくような美しい雲。
「わたつみの一」

入道雲（にゅうどうぐも） 積乱雲。[夏]
「一が出てきたと思ったらもう雷が鳴り出した」
＊大入道のように見えることから。

羊雲（ひつじぐも） 羊の群れのように見える雲。高積雲。

日照り雲（ひでりぐも） 夏の夕暮れに、西の空に出る巴の形をした雲。晴天が続く前兆という。

八重棚雲（やえたなぐも） 幾重にも重なってたなびく雲。

レンズ雲 凸レンズを横から見たような形の雲。

漏斗雲（ろうとぐも） 漏斗状に垂れ下がった雲。竜巻が発生するときに見られる。

綿雲（わたぐも） ちぎった綿のような雲。
「青空に浮かぶ一」

雲の色

茜雲（あかねぐも） 朝日や夕日を受けて濃い赤色に照り映える雲。

黒雲（くろぐも） 黒い雲。不吉な雲とされる。
「戦乱の一」

黄雲（こううん） 黄色い雲。

紅霞（こうか） 夕日に染まった紅色の雲。
「西の空の一がだんだん色を失う」

彩雲（さいうん） 縁が美しく彩られた雲。

紫雲（しうん） 紫色の雲。
＊仏が乗って来迎するとされる雲。

白雲（しらくも） 白い雲。はくうんともいう。

白小雲（しらさぐも） 白く見える雲。

青雲（せいうん） 青みを帯びた雲。また、青空。転じて、人から仰がれるような高い徳。
「一の志（こころざし）」

碧雲（へきうん） 青みがかった色の雲。

その他の表現

クラウド

38

雪・氷

→ さむい・すずしい／雨／空／冬

基本の表現
　雪・大雪・降雪・積雪・雪解け・
　氷・凍結・冷凍

降る雪

淡雪（あわゆき）うっすらと積もった、やわらかで消えやすい春の雪。[春]

回雪（かいせつ）雪が風に舞うこと。また、巧みに袖を翻して舞うこと。

風花（かざはな）晴天にちらつく雪。また、冬の初めごろ、風と共に降る雪。[冬]

玉屑（ぎょくせつ）雪のこと。　＊もとは玉を砕いた粉末で、不老不死の仙薬という。転じて、詩文の優れた句にも。

銀雪（ぎんせつ）銀色に輝く雪。「―を頂く山」

豪雪（ごうせつ）多量な降雪。「―地帯」

小米雪（こごめゆき）細かい雪。**粉米雪**とも書く。

粉雪（こなゆき）粉のようにさらさらした雪。[冬]「―が舞う」

小雪（こゆき）少しの雪。[冬]「―がちらほらする」

細雪（ささめゆき）細かに降る雪。[冬]「―の降り敷く中、家路を急ぐ人々」

里雪（さとゆき）里に降る雪。特に日本海側の平野部に降る雪。対山雪「―型の大雪」

春雪（しゅんせつ）春の雪。[春]

白雪（しらゆき）真っ白な雪。「全山が―に覆われた」

瑞花（ずいか）雪の異名。「今年は―に恵まれ、収穫が楽しみだ」

雪花（せっか）雪を花に見立てて言う語。**雪華**とも書く。

雪片（せっぺん）雪のひとひら。「風が―を運ぶ」

早雪（そうせつ）例年より早く降る雪。

霜雪（そうせつ）霜と雪。「冬の―に耐えた草」　＊白髪のたとえにも。

素雪（そせつ）白い雪。「玄冬―〔＝冬のとても寒いさま〕」

太平雪（たびらゆき）大きな雪片の春の淡雪。

俄か雪（にわかゆき）突然降ってきて、間もなくやんでしまう雪。

濡れ雪（ぬれゆき）水分が多く湿っぽい雪。

白魔（はくま）災害をもたらす大雪を魔物に例えていう語。

初雪 その冬はじめて降る雪。[冬]
「今年の一は例年より早かった」

花弁雪 雪片が花びらのように大きな雪。

飛雪 風に吹き飛ばされながら降る雪。

微雪 雪が少し降ること。

風雪 風と雪。また、風と共に降る雪。
「昨夜来の雨は一となった」

吹雪 強い風を伴って激しく降る雪。[冬]

べた雪 水気の多い雪。
「一が降って道路がぬかるんでいる」

暮雪 夕暮れに降る雪。また、夕暮れの雪景色。

牡丹雪 大きなかたまりで降る雪。[冬]
＊「ぼた雪」を美化した表現。

餅雪 餅のようにふわふわした雪。

山雪 山に降る雪。対里雪

融雪 雪がとけること。とかすこと。
「幹線道路には一装置が設置してある」

雪気 雪が降りそうな空模様。
「一の空」

雪風巻 雪が激しく降って風の吹きまくること。[冬]

雪の果て 涅槃会の頃に降るという、その冬最後の雪。
雪の別れ。名残の雪。忘れ雪。[春]

雪帽子 大片の雪。

六花 雪の異称。りっかとも。
＊雪の結晶の形にちなむ。

綿雪 綿をちぎったような大きな雪片の雪。[冬]

積もった雪

薄雪 薄く降り積もった雪。
「いつの間にか降った一を踏んで家路につく」

帷子雪 薄く積もった雪。また、一片が薄くて大きな雪。

堅雪 春、解けかかった雪が夜間に冷えて固く凍りついたもの。

冠雪 山の頂が雪をかぶること。
「一を頂く初冬の山々」

粗目雪 ざらめ糖状の積雪。日中解けた雪が、夜に再び凍り、それを繰り返すうちに大きい粒子となったもの。

残雪 (春になっても)消え残った雪。[春]
「この山はまだ残雪が深い」

垂り雪 屋根や木の枝から落ちる雪。[冬]

宿雪 消えないで残った雪。
「夏になってようやく一が消えた」

新雪 新しく降った雪。
「一に輝く山々」

深雪 深く積もった雪。みゆき。
「林野を覆う一」

堆雪 積もった雪。
「一の下で懸命に生きる雑草」

雪崩 なだれ　山の斜面に積もった雪が大量に崩れ落ちる現象。[春]

根雪 ねゆき　雪解けまで残る雪。[冬]
「昨年からの一が残っている」

衾雪 ふすまゆき　一面に降り積もった雪。

斑雪 まだらゆき　まだらに降り積もった雪。はだれゆき。

万年雪 まんねんゆき　高山などの一年中消えない雪。
「一におおわれた山々」

雪代 ゆきしろ　雪解けの水。[春]
「一水」

雪肌 ゆきはだ　積もった雪の表面。また、雪のように白い肌。
＊「雪膚ふ」は雪のように白い肌。

雪水 ゆきみず　雪解け水。
「下着まで一に濡れて凍え死にそうだ」

綿帽子 わたぼうし　山や木の上に積もった雪。＊真綿を広げて作った女性のかぶり物に見たてていう。

氷

厚氷 あつごおり　厚く張った氷。[冬]
「池には一が張っている」

雨氷 うひょう　雨が木・地面などに触れた瞬間、氷となったもの。[冬]

上氷 うわごおり　表面に薄く張った氷。
「高瀬さす淀の汀なぎのうはこほり(曾禰好忠)」

群氷 ぐんぴょう　群をなす海氷。

結氷 けっぴょう　氷が張ること。
「湖が一する」

懸氷 けんぴょう　つらら。

堅氷 けんぴょう　堅く張った氷。
「鉄のスコップでも一を砕けなかった」

細氷 さいひょう　空気中の水蒸気が微細な氷の結晶となって大気中を降下する現象。ダイヤモンドダスト。

樹氷 じゅひょう　霧氷の一種。微小な水滴が木の枝に凍り付いて、花のようにみえるもの。[冬]

雪氷 せっぴょう　雪と氷。

棚氷 たなごおり　氷床の縁部が海上に張り出して浮いている氷原。

垂氷 たるひ　つらら。
「月に光る一」

氷柱 つらら　水のしずくが凍って棒状に垂れ下がったもの。[冬]

夏氷 なつごおり　山などに、夏になっても溶けないで残っている雪や氷。

薄氷 はくひょう　薄く張った氷。
「一を踏む思い」

初氷 はつごおり　その冬に初めて張った氷。[冬]
「今朝一が張った」

氷雨 ひさめ　①電ひ。[夏] ②秋の冷たい雨。
「冷たい一で体が冷え切った」

氷室 ひむろ　天然の氷を夏まで保存しておくために設けた小屋、または穴。[夏]

氷面鏡 ひもかがみ　氷の表面を鏡に例えた語。[冬]

氷花 ひょうか　樹木や草に水分が凍り付き、白い花を付けたようになる現

41

象。氷の花。
「白く一に覆われた並木道」

氷河（ひょうが） 高山などの万年雪が堆積してできた越年性の巨大な氷体で、重力によって流動するもの。
「一時代」

氷塊（ひょうかい） 氷の塊。
「北極海に浮かぶ一」

氷海（ひょうかい） 一面に氷が張った海。
「極地の一を航行する」

氷結（ひょうけつ） 氷が張ること。
「池が一した」

氷山（ひょうざん） 海中に浮かぶ小山のような氷塊。
＊氷河などから分離したもので、海面上の部分は全体のごく一部にすぎない。

氷晶（ひょうしょう） 大気が冷却されてできる微細な氷の結晶。

氷雪（ひょうせつ） 氷と雪。また、清廉潔白なこと。
「一の操」

氷霜（ひょうそう） 氷と霜。また、樹枝に積もって氷がついているように見える霜。

氷片（ひょうへん） 氷のかけら。

氷野（ひょうや） 氷に覆われた野原。
「南極の一」

浮氷（ふひょう） 水に浮かんでいる氷塊。
「一がぶつかり合う」

冬氷（ふゆごおり） 冬に凍った氷。

水氷（みずごおり） 水が凍結してできた氷。

霧氷（むひょう） 水蒸気や霧が樹枝などに凍り付いたもの。[冬]

流氷（りゅうひょう） 海面を漂流している氷塊。[春]
「一の上に留まるオオワシ」

そのほかの降ってくるもの

霰（あられ） 水蒸気が氷の粒になって降ってくるもの。[冬]
＊気象用語では直径5mm未満のもの。

急霰（きゅうさん） にわかに降るはげしいあられ。また、その音。

春霰（しゅんさん） 春に降るあられ。

雹（ひょう） 雷雨に伴って降る氷の粒。[夏]
＊気象用語では直径5mm以上のもの。

霙（みぞれ） 雪が空中でとけかけて雨交じりに降るもの。[冬]

その他の表現

アイス・アイスバーン・スノー・ダイヤモンドダスト・バージンスノー・パウダースノー・フリーズ・ブリザード

からっ・こんこん・さらさら・しんしん・ちらちら・どかどか・どさっと・はらはら・パラパラ・ヒヤヒヤ・ふわっと・ふわりと

かちこち・かちんこちん・ぱりっ

42

霜・露

→ さむい・すずしい／雪・氷／冬

基本の表現 | 霜・春霜・夕霜・露・秋露・朝露・夕露・夜露

霜

朝霜（あさじも）朝降りている霜。
「庭にまだ一が残っている」

薄霜（うすじも）朝、薄く降りた霜。
「山では夏でも一の降りることがある」

大霜（おおじも）たくさん降りた霜。[冬]
「一で一面白くなっている」

遅霜（おそじも）晩春・初夏の季節外れの霜。

凝霜（ぎょうそう）雨滴が氷となり、植物や岩石をおおったもの。

暁霜（ぎょうそう）明け方の霜。
「一を踏んで学校へ向かう」

厳霜（げんそう）草木を枯らす厳しい霜。また、刑罰が厳しいこと。

降霜（こうそう）霜が降りること。また、その霜。
「一結氷」

霜風（しもかぜ）霜の上をわたってくる冷たい風。
「身を切るように冷たい一」

霜崩れ（しもくず）霜柱が解けてくずれること。

霜先（しもさき）寒くなりはじめ、霜が降りだす10月ごろ。

霜畳（しもだたみ）畳のように一面に降りた霜。
「寒い朝で畑が一になった」

霜月（しもつき）陰暦11月の異称。
「一祭り」

霜解け（しもどけ）気温が上がって霜が解けること。[冬]
「一のぬかるみ」

霜の声（しものこえ）霜の降りたときのしんしんとした様子。
「一が聞こえるほど静かな夜」

霜柱（しもばしら）地中の水分が地面にしみ出て凍結した細い氷の柱。[冬]
「一を踏む音がサクサクいう」

霜焼（しもやけ）①寒さによって手足などにおこる凍傷。しもばれ。ゆきやけ。[冬]
②植物が霜によって変色すること。

秋霜（しゅうそう）秋に降りる霜。転じて、刑罰などが厳しいこと。
「一烈日〔＝刑罰や権威などが厳しい〕」

終霜（しゅうそう）一年で最後の霜。
「一日」

粛霜（しゅくそう）冷たい霜。

樹霜（じゅそう）空中の水蒸気が木の枝で霜の結晶となったもの。

青女（せいじょ）霜や雪を降らす女神。転じて、霜や雪。
「一の降りた冬の朝」

43

霜華　霜を花にたとえていう語。転じて白髪。

霜気　霜の厳しい冷気。

霜晨　霜の降りた朝。

霜雪　霜と雪。また、白髪のたとえ。

霜天　霜の降りた冬の空。

霜露　霜と露。また、はかないこと。「―の疾〔=寒さによりおこる病気〕」

初霜　その冬の最初の霜。[冬]「寒くなってきて、昨日は―が降りた」

早霜　秋早くに降りる霜。「まだ秋だというのに―が降りた」

斑霜　まばらに降りた霜。**はだれしも**ともいう。「―の降りる寒い朝」

繁霜　厳しい霜。また、真っ白になった毛髪。

晩霜　4、5月になって降りる霜。「おそじも」とも。「―で、畑が壊滅的な被害を受けた」

氷霜　氷と霜。また、樹枝に降り積もった霜。

水霜　晩秋に露が凍って霜のようになったもの。[秋]「―に濡れたススキの穂」

別れ霜　春に降りる最後の霜。忘れ霜。名残の霜。[春]「―庭はく男老いにけり(正岡子規)」

露

朝顔の露　朝顔の花に降りた朝露。はかないもののたとえに用いられる。

雨露　雨と露。**うろ**とも。「―をしのぐ」

一露　ひとしずくの露。＊禅などでは、「万物の根本になる最高の精神」の意も。

飲露　露をのむこと。神仙の生活をいう。

雨露の恵み　自然の雨や露が与える温かい恵み。

上露　草木の葉の上の露。対下露

薤上の露　薤の葉の上の露は消えやすいところから、人の世のはかなさや、人の死を悲しむ涙をいう語。**薤露**とも。

寒露　二十四節気のひとつ。太陽暦では10月8日ごろ。また、晩秋から初冬の頃の冷たい露。[秋]「冷霧―」

甘露　中国の伝説で、仁政が敷かれて天下が太平になると天が瑞祥として降らせるという甘い露。おいしいこと。「ああ、―、―」

菊の露　菊に宿る露。飲むと長生きになると言われた。菊の雫。

木の下露　木の枝から落ちる露。

暁露　明け方、草木に降りた露。朝露。

「一を踏み分けながら進む山道」

玉露 ぎょくろ 玉のように美しい露。転じて、最高級の煎茶。

「一を置く庭の千草」

草葉の露 くさばのつゆ 草の葉の上にとどまった露。はかないものの例え。草露そうろ。

「一と消える」

結露 けつろ 露が生じること。

「窓ガラスに一する」

月露 げつろ 月と露。転じて、自然。

行露 こうろ 道ばたの草などに降りた露。

言葉の露 ことばのつゆ 言葉、特に和歌を露に例えて、美しさ、はかなさをいう語。

下露 したつゆ 木の下などの露。対上露

「一に足を濡らしながら林道を行く」

松露 しょうろ ①松の葉に降りる露。②海岸の松林で採れる小形のキノコの名。

白露 しらつゆ 光って白く見える露。[秋]

「一や茨の刺にひとつづゝ(与謝蕪村)」

朝露 ちょうろ 朝、草葉などにたまった露。

「早朝の森を歩き一にしとどに濡れた」

露時雨 つゆしぐれ 時雨が通り過ぎたあとのように、露があたり一面に降りること。[秋]

露霜 つゆじも 露が凍って霜のようになったもの。水霜。[秋]

「一の置く朝だった」

露の玉 つゆのたま 露の美称。

「草の先に一が光っている」

凍露 とうろ 露が凍ってできた氷粒。

風露 ふうろ 風と露。

山下露 やましたつゆ 山の木々の枝葉から落ちる露。

露華 ろか 露のきらめくこと。美しい露。

「見慣れた庭が、一に覆われて光っている」

露玉 ろぎょく 露を玉に見なしていう語。

露珠 ろじゅ 露を玉に例えた言い方。

「このままの形で飾りたいほどの一だ」

その他の表現

デュー・デュードロップ・フロスト

しんしん・さくさく・ざくざく・ぱりぱり・ばりばり・ばりっと・ぽたりと・しっとり

晴れる

→ あかるい／あたたかい・あつい／空／太陽／朝・明け方／昼

基本の表現　青空・天気・晴天・晴れる・快晴・好天

晴れ

上様日和（うえさまびより）　雲一つない、非常によく晴れた天気。

「—の暖かな日」

旱魃（かんばつ）　農作物に必要な雨が長い間降らないこと。**干魃**とも書く。

＊「魃」は旱（ひでり）の神。

好晴（こうせい）　快く晴れ渡ること。

「—が続いた後に雨が降った」

上天気（じょうてんき）　とても良い天気。

「—なので家族で外出した」

澄み切る（すみきる）　非常によく澄む。

「澄み切った青空」

澄み渡る（すみわたる）　一面に曇りなく澄む。晴れ渡る。

「澄み渡った大空」

晴空（せいくう）　晴れた空。

「—をのんびり飛ぶトンビ」

晴好（せいこう）　晴れて眺めが良いこと。

晴光（せいこう）　明るい日光。また、晴れた日の景色。

青霄（せいしょう）　雲がなく、よく晴れていること。

「—の下、砕ける白波が美しい沖縄の夏」

晴色（せいしょく）　晴れたときの風景。晴景（せいけい）。

青天白日（せいてんはくじつ）　青空に太陽の輝くこと。また、疑いが晴れること。

「—の身で何の後ろめたいこともない」

晴朗（せいろう）　空が晴れてさわやかなさま。

「天気—なれども波高し」

澄清（ちょうせい）　空が澄んで晴れ渡ること。

「—の空に響く鼓笛隊の演奏」

照る（てる）　太陽などが光を放つ。また、晴天になること。

「降るか—か」

日本晴れ（にほんばれ）　少しの雲もなく晴れ上がっていること。天下晴れ。

「—の絶好の運動会日和」

晴れちぎる（はれちぎる）　十分に晴れる。

＊「ちぎる」は接尾語で「はなはだしく…する」の意をあらわす。

晴れ晴れ（はればれ）　空が晴れ渡っているさま。また、心が明るいさま。

日照り（ひでり）　日が照ること。また、晴天が続き雨が降らないこと。

旱とも書く。［夏］

日和（ひより）　穏やかな天候。

「絶好の—に恵まれる」

碧空（へきくう）青空。晴れ上がった美しい空。
「一に去来する白雲」

爛晴（らんせい）かんかん照り。

麗天（れいてん）麗しく穏やかに晴れた天気。
「一の暖かな日に古寺を巡る」

牢晴（ろうせい）穏やかな晴れ。

朗天（ろうてん）雲一つない、朗らかに晴れた天気。
「一の下、野球大会が開かれた」

和煦（わくわ）のどかに晴れて暖かい春の気候。
「一の風に誘われて観桜会に出かける」

時間・季節の晴れ

秋晴れ（あきばれ）秋の快晴。[秋]
「朗らかな一の日」

秋日和（あきびより）秋のよく晴れた天気。[秋]
「一の上天気」

油照り（あぶらでり）薄曇りで風がなく蒸し暑い夏の天候。
「連日のじりじりとした一に気が滅入る」

凍て晴れ（いてばれ）凍りつくように寒いが快晴であること。[冬]

麗らか（うらうらか）①太陽がのどかに照っているさま。[春]
②晴れ晴れと明るいさま。

炎天（えんてん）真夏の焼けるように暑い日差しの天気。[夏]
「一下の作業」

菊日和（きくびより）菊の花の咲く頃の良い天候。[秋]

「朗らかな一の昼下がり」

小春日（こはるび）小春日和の日。また、その日差し。[冬]

小春日和（こはるびより）小春の頃の穏やかな気候。[冬]
「風もない一の良い日」

五月晴れ（さつきばれ）新暦五月のよく晴れた天気。また、陰暦五月の梅雨の晴れ間。[夏]
「鼓鳴るや芝山内や一(正岡子規)」

五月雨晴れ（さみだればれ）五月雨で雨が続く時に、わずかに晴れること。

秋霽（しゅうせい）秋の雨がやんでさわやかに晴れること。

梅雨晴れ（つゆばれ）梅雨が明けて晴れること。梅雨入り晴れ。
「一の蒸し暑い午後」

初晴れ（はつばれ）新春で最初の晴れ。元旦の晴天。[新年]

晩晴（ばんせい）夕方、雨が上がって晴れること。

冬晴れ（ふゆばれ）穏やかに晴れた冬の日。
「一の真っ青な空」

深雪晴れ（みゆきばれ）雪の積もった翌朝、からりと晴れること。[冬]
「一に輝く白い雪」

夕晴れ（ゆうばれ）夕方、晴れること。

雪晴れ（ゆきばれ）雪がやんで晴れること。[冬]

四晴れ（よつばれ）午前10時ごろに雨がやんで、空が晴れること。午後、再び雨になりやすいといわれる。

曇ったり晴れたり

雨晴らし（あまはらし） 雨がやんで空が晴れること。雨あがり。

陰晴（いんせい） 曇りと晴れ。「一定まらず」

雲間（くもま） 雲の切れ目。そこから見える青空。

小晴（こはれ） わずかの間の晴天。少しの晴れ間。

新晴（しんせい） 雨後に晴れること。

晴雨（せいう） 晴れと雨。「一にかかわらず出発する」

晴好雨奇（せいこううき） 晴れでも雨でもそれぞれ景色が良いこと。

晴耕雨読（せいこううどく） 晴れの日には田畑を耕し、雨の日には家で読書すること。悠々自適の生活。

霽日（せいじつ） 雨後の晴れた日。

晴雪（せいせつ） 雪の後の晴天。

俄日和（にわかびより） 雨が急にやんで晴天となること。「一の間に買い物を済ませる」

野分晴れ（のわきばれ） 野分が吹き荒れた後の晴天。

晴れ上がる（はれあがる） すっかり晴れる。

晴れ行く（はれゆく） だんだん晴れる。

晴れ尽く（はれつく） 完全に晴れる。

晴れ退く（はれのく） 雲などが消える。

晴れ間（はれま） 雨などが一時的にやんだ間。雲間から見える青空。

半晴（はんせい） 半ば晴れること。「一半曇」

吹き晴れる（ふきはれる） 風で雲が吹き払われて空が明るくなる。

その他の表現

雲一つ無い・行楽日和・台風一過

うらうら・かっかと・かっと・からっと・からりと・かんかん照り・すかっと・すきっと・すっきり

クリア・サニー・ファイン

48

空

→ あかるい／くらい／雨／雷／雲／雪・氷／晴れる／太陽／月／星

基本の表現
> 空・春空・夏空・秋空・冬空・朝空・夕空・
> 夜空・大空・空中・曇り空・上空・天

時間・季節の空

暁天（ぎょうてん）夜明けの空。明け方。
「―に光が差し始める」

曙天（しょてん）明け方の空。

凍て空（いてぞら）凍り付くように寒い冬の空。[冬]

炎天（えんてん）真夏の焼けるように暑い日差しの天気。また、その空。[夏]

夏天（かてん）夏の空。

寒天（かんてん）寒々とした冬の空。[冬]
「―の月」

昊天（こうてん）夏の空。また、大空。

小春空（こはるぞら）小春の頃のおだやかに晴れた空。[冬]

寒空（さむぞら）①いかにも寒そうな冬の空。[冬]
②寒い気候。

秋陰（しゅういん）秋の曇り空。

秋漢（しゅうかん）秋の天の川。秋の夜空。
＊「漢」は天の川の意。

秋昊（しゅうこう）秋の空。

秋天（しゅうてん）秋の空。[秋]
「―の変わりやすい天候」

秋旻（しゅうびん）秋の空。

春天（しゅんてん）春の空。

蒼天（そうてん）青空。また、春の空。
「―にそびえ立つ尖塔」

冬天（とうてん）冬の天気。冬の空。

熱天（ねってん）暑さの激しい天気。
「―燦地ちゃく」

梅天（ばいてん）梅雨時の空。[夏]

初空（はつぞら）元旦の大空。[新年]

春茜（はるあかね）春の夕暮れ時のあかね色の空。

旻天（びんてん）秋の空。また、空。

天気の空

青空（あおぞら）雲のない青い空。
「抜けるような―」

青天井（あおてんじょう）青い空を天井に見立てた語。
「―の下、のびのびと遊ぶ子供たち」

雨空（あまぞら）今にも雨の降りそうな感じの空。

49

雲霓（うんげい）雲と虹。
「大旱（たいかん）の一を望む〔=ひどい日照りに雨の前兆である雲や虹を望むように、強く待ち望む〕」

雲際（うんさい）雲の果て。はるかな天空。
「一に浮かぶ峰」

干天（かんてん）日照り続きで長い間雨が降らないこと。日照りの空。[夏]
「一に降る雨のようにありがたい」

漢天（かんてん）天の川の見える空。

雲居（くもい）雲のあるところ。はるか遠いところ。
「一の空を、雁が渡る」

青天（せいてん）晴れ渡った空。
「一の霹靂（へきれき）」

晴天（せいてん）空が晴れ渡っていること。
「一に恵まれる」

清和（せいわ）空が晴れて穏やかなこと。
「紀州は気候一の地だ」

蒼穹（そうきゅう）青空。
「仰ぎ見る一に、飛行機雲が一直線に伸びていた」

蒼空（そうくう）青空。

碧空（へきくう）青空。晴れ上がった美しい空。
「一の下、帆に風をはらんだヨットが進む」

碧天（へきてん）青空。

碧落（へきらく）青空。また、遠いところ。

星空（ほしぞら）晴れて星がたくさん輝いている空。
「降るような一」

雪空（ゆきぞら）雪が降ってきそうな空模様。[冬]
「一が何日も続いた」

いろいろな空

天つ空（あまつそら）空。大空。また、遠いところ。

一天（いってん）空全体。また、世の中。
「一にわかにかき曇る」

九天（きゅうてん）古代中国で、天を九つに区分した称。
「一九地」

穹窿（きゅうりゅう）弓のような形に見える大空。また、半球状の天井。

郷天（きょうてん）故郷の空。
「一に思いを馳せる」

空冥（くうめい）おおぞら。天空。

高空（こうくう）高い空。空の高いところ。
「一から獲物を狙うイヌワシ」

公空（こうくう）どの国の管轄でもない空間。

虹蜺（こうげい）にじ。**虹霓**とも書く。

高層（こうそう）空の高いところ。また、層が幾重にも重なって高くなっていること。
「一気流」

虚空（こくう）何もない空間。また、大空。
「一に消える」

西天（さいてん）西方の空。また、西方浄土。
「一を目指して出発する」

日月星辰（じつげつせいしん）太陽と月と星。
「一山川草木」

霄漢（しょうかん）大空。

水天 すい てん
水と空。
「——碧〔=水と空とが一面青々としていること〕／—髪髣〔=水と空との境がはっきりしないこと〕」

青漢 せい かん
大空。

全天 ぜん てん
空の全体。
「—を覆う雲」

太虚 たい きょ
大空。

太空 たい くう
大空。

宙 ちゅう
大空。また、地面から離れたところ。

中空 ちゅう くう
空の中ほど。また、中がからっぽなこと。
「—の一点を指す」

中霄 ちゅうしょう
なかぞら。中天。

中天 ちゅう てん
天の真ん中。天の中心。空中。
「—にかかる月」

低空 てい くう
空の低いところ。
「—飛行」

天外 てん がい
天の外。はるかかなた。
「—へ飛び去った」

天涯 てん がい
空の果て。非常に遠いところ。また、世界中。
「—地角〔=遠く離れている〕」

天球 てん きゅう
地球上の観測者を中心とする半径無限大の仮想の球面。天体の見える方向をこの球面上の一点で表現できる。
「—儀」

天穹 てん きゅう
大空。
「星をちりばめた—」

天空 てん くう
空。大空。
「—海闊〔から〕」

天国 てん ごく
天上にあるという理想の世界。
「—の母を思う」

天際 てん さい
天のはて。はるかかなた。
「惟だ見る長江の—に流るるを（李白）」

天象 てん しょう
天体の現象。また、空模様。
「—によって未来を占う」

天上 てん じょう
空。空の上。
「—の音楽」

天心 てん しん
空の真ん中。
「月が—にかかる」

天頂 てん ちょう
天。また、頂上。
「西から—にかけて雲が浮かんでいる」

東天 とう てん
東の空。
「—紅〔=夜明けに鳴くニワトリ〕」

半空 はん くう
天のなかほど。中空。

半天 はん てん
天の半分。空の中ほど。
「—を染める夕日」

普天 ふ てん
地上をあまねく覆う天。全世界。

満天 まん てん
空いっぱいになること。
「—の星」

御空 み そら
空の美称。

領空 りょう くう
領土と領海の上空。
「—侵犯」

その他の表現

スカイ・ヘブン

51

太陽

→ あかるい／あたたかい・あつい／晴れる／空／光／春／夏／秋／冬

基本の表現 ［ 太陽・日・日没・日光・日の出 ］
たいよう にち にちぼつ にっこう ひ で

太陽

天つ日
あま ひ
太陽。

烏輪
う りん
（太陽には金の烏がすむという中国の伝説から）太陽。

お天道様
てん とう さま
太陽を敬い親しんで呼ぶ語。おてんとさま。

お日様
ひ さま
太陽を親しんで呼ぶ語。

火輪
か りん
火の車輪のように見えるもの。転じて、太陽。

九陽
きゅう よう
太陽。

金烏
きん う
太陽にすむという三本足の烏。転じて、太陽。 **類赤烏**あか**・赤鴉**せき **・日烏**にち**・陽烏**よう

幻日
げん じつ
太陽の左右にできる二つの光点。空中の氷晶による光の屈折で起きる。

紅鏡
こう きょう
（紅色に輝く円い鏡の意から）太陽。

黄道
こう どう
地球から見て、太陽が1年かけて天球上に描く運行の軌道。

紅輪
こう りん
赤い太陽。「―は既に沈んだ」

日星
じっ せい
太陽と星。**にっせい**ともいう。

赤日
しゃく じつ
あかあかと照り輝く太陽。

秋陽
しゅう よう
秋の日の光。「―を浴びて輝く建物」

上下天光
しょう か てん こう
空も水も光が満ちあふれているさま。

天日
てん じつ
太陽の古風な表現。「―塩」

天道
てん とう
太陽。また、天の神。

日暈
にち うん
太陽を光源としてその周りに生じる光の輪。

日輪
にち りん
太陽の異称。「―を仰ぐ」

日華
にっ か
日光。太陽。

日色
にっ しょく
太陽の色。また、太陽。

日食
にっ しょく
月の影によって太陽が隠される現象。**日蝕**とも書く。「―観察グラス」

日天
にっ てん
仏教で、日天子（太陽神）の治める世界。転じて、太陽。

白日
はく じつ
明るく輝く太陽。昼間。「―の夢」

日が移る
ひ うつ
太陽が東から西に移動する。

扶桑 ふそう 昔、中国で、東方の海中にあるという神木。日の昇る所という。転じて、日本の異名。また、太陽。

陽 よう ①日の当たっている側。②おもてだったところ。「陰に一に支える」

烈日 れつじつ 激しく照りつける太陽。「一の気迫」

時間・季節の太陽

朝日 あさひ 朝昇る太陽。また、その光。「一が昇る」

朝日子 あさひこ 朝日。*「こ」は親しみを示す接尾語。

入り日 いりひ 西に沈む夕日。「燃えるような一」

旭日 きょくじつ 朝の太陽。「一旗」

旭陽 きょくよう 朝の太陽。

残照 ざんしょう 日が沈んでもなお空に残っている光。「一の中に夕靄がたなびく」

斜陽 しゃよう 西から斜めにさす太陽。類斜日

夕日 せきじつ 夕方の太陽。ゆうひともいう。

夕陽 せきよう 夕日。「一が沈む」

夕暉 せっき 夕日。夕日の光。「一に照らされた山の稜線」

仄日 そくじつ 傾いた太陽。夕日。「山並みを照らす一」

朝暘 ちょうよう あさひ。また、山の東。「一を浴びながら散歩をする」

西日 にしび 西に傾いた太陽の光。「一が当たって部屋の温度が上がる」

日出 にっしゅつ 日の出。

反照 はんしょう 光が照り返すこと。また、夕日に照り輝くこと。

日が高い ひがたか 太陽が高く昇っている。「一うちに次の宿場まで歩く」

落日 らくじつ 沈む太陽。類落陽・落暉

「孤城一〔=勢いが衰え頼りないたとえ〕」

春日遅々 しゅんじつちち 春の日の暮れることが遅いこと。春の日がうららかでのどかなさま。

春陽 しゅんよう 春の日光。「一の候」

初日 はつひ 元日の朝の太陽。[新年]「東に向かって一を拝む」

初日の出 はつひので 元日の日の出。[新年]「上空から一を見られるフライト」

その他の表現

日向ぼっこ ひなた
サン・サンライト・サンライズ・
サンセット・ソーラー
さんさん・かんかん・じりじり・
ぎらぎら・かっと

月

→ あかるい／空／光／夜

基本の表現 [月・月明かり・月光・月世
界・月面・月が満ちる・満月]

満月・名月

芋名月（いもめいげつ） 陰暦八月十五夜の月。里芋を供える。[秋]

盈月（えいげつ） 満ちている月。因虧月<small>きげつ</small>

円月（えんげつ） 満月。

佳月（かげつ） さえ渡った月。めでたい月。「玲瓏<small>れいろう</small>たる—」

栗名月（くりめいげつ） 陰暦九月十三夜の月。[秋] ＊栗を供えて月見をする風習があることから。

月輪（げつりん） 完全に円形の月。「日輪—」

十五夜（じゅうごや） 陰暦(8月)15日の夜。団子やススキなどを供える。[秋]「—のお月様」

十三夜（じゅうさんや） 陰暦(9月)13日の夜。枝豆や栗を供える。[秋]「—の月が中天にかかる」

中秋（ちゅうしゅう） 陰暦8月15日の称。また、仲秋(秋の半ば)。[秋]「—の名月」

月見（つきみ） 月を眺め楽しむこと。[秋]「—に花を供える」

二度の月（にどのつき） 八月十五夜の月と九月十三夜の月。昔はこの一方だけ月見をすることを片月見として忌んだ。

後の月（のちのつき） 陰暦九月十三夜の名月。[秋] ＊陰暦八月十五夜に対していう。

初名月（はつめいげつ） 陰暦8月15日の月。9月13日の後<small>のち</small>の月に対していう。

二夜の月（ふたよのつき） 陰暦八月十五夜の月と九月十三夜の月。特に、九月十三夜の月。

豆名月（まめめいげつ） 陰暦九月十三夜の月の別名。[秋]

名月（めいげつ） 陰暦八月十五夜の月。「—を取ってくれろと泣く子かな(小林一茶)」

明月（めいげつ） 晴れた夜の美しく輝く月。また、名月。[秋]「—が昇りかけている」

望月（もちづき） 陰暦15日の夜の満月。もち。もちのつき。ぼうげつ。「—のかがやく美しい夜」

半月・欠けた月

十六夜（いざよい） 陰暦(8月)16日夜の月。[秋]「ためらいがちに出る—の月」 ＊「いざよい」は進もうとして進ま

いこと。満月より遅く、ためらうように出てくることから。

亥中の月（いなかのつき）（亥中頃、東天に上ることから）陰暦20日の月の称。

居待ち月（いまちづき）陰暦18日の月。特に、陰暦8月18日の月。居待ち。居待ちの月。[秋]
「書斎から―を眺めやる」
＊満月を境に次第に月の出が遅くなるので、座って待つうちに出る意。

下弦（かげん）満月から新月に至る中間ごろの月。
「―の月が白く光る」

片割れ月（かたわれづき）半月。
「―に照らされた墓場」

虧月（きげつ）欠けている月。対盈月（えいげつ）

既望（きぼう）陰暦16日の夜。また、その月。
＊すでに望（満月）を過ぎた意。

幾望（きぼう）陰暦14日の夜。また、その月。
＊「幾」は「ほとんど」、「望」は「満月」の意。

降り月（くだりづき）陰暦十八夜頃から二十一、二夜までの次第に欠けてゆく月。対上り月

弦月（げんげつ）上弦または下弦の月。
「桜の梢に―がかかっている」

十七夜（じゅうしちや）陰暦(8月)十七夜の夜。また、その月。

上弦（じょうげん）新月から満月に至る中間ごろの月。
「―の月が西空にかかっている」

初弦（しょげん）陰暦で月上旬の弓形の月。

生魄（せいはく）陰暦16日の月。また、たましい。

黄昏月（たそがれづき）たそがれ時に見える月。陰暦3、4日ごろの夕方の月。

立ち待ち月（たちまちづき）陰暦(8月)17日の月。立ち待ち。立ち待ちの月。[秋]
「日暮れて間もない―」
＊夕方、立って待つ間に出る月という意。

半ばの月（なかばのつき）半月。また、陰暦(8月)15日の月。

二十三夜（にじゅうさんや）陰暦(8月)23日の夜の月。夜更けて上る下弦の月。また、その夜に月待ちをすること。[秋]

寝待ち月（ねまちづき）陰暦(8月)19日の夜の月。臥し待ち月。寝待ちの月。[秋]
「夜半に―を眺める」
＊月の出が遅いので寝て待つ意。

上り月（のぼりづき）新月から満ちて満月になるまでの月。対降り月

二十日月（はつかづき）陰暦(8月)20日の月。[秋]
「―もいつしか西に傾いた」

半月（はんげつ）半円の月。
「縁側で―を浴びて座禅をする」

更け待ち月（ふけまちづき）陰暦(8月)20日の月。更け待ちの月。[秋]
「夜更けて出る月、―」
＊月の出が遅くなるのでいう。

片月（へんげつ）半分以上かけた月。

55

天
月

真夜中の月（まよなかのつき） 真夜中に出ることから、陰暦二十三夜の月。

弓張り月（ゆみはりづき） 弓形の月。[秋]

彎月（わんげつ） 弓張り月。

明け方の月

暁 月夜（あかつきづくよ） 夜明け方に出ている月。

朝月（あさづき） 明け方に残っている月。

朝月夜（あさづくよ） 有明の月。また、月の残っている明け方。

有明（ありあけ） 陰暦16日以後、月がまだ空に残りながら夜が明けようとする頃。また、その月。
「―の月」

残月（ざんげつ） 明け方まで空に残っている月。「―の光を頼りに山道を歩いた」

名残りの月（なごりのつき） 明け方に空に残る月。また、陰暦九月十三夜の月。
「山の端にかかる―」

残んの月（のこんのつき） 明け方なお空に残っている月。類残りの月・残月

細い月

偃月（えんげつ） 半月よりやや細い月。「―はその形から、またの名を弓張り月ともいう」

蛾眉（がび） 蛾の触角のような形の細く美しい眉（の美人）。また、三日月。

銀鉤（ぎんこう） 銀の針のような三日月。「微月の―空しく懸れる一室（高山樗牛）」

月牙（げつが） 新月。ごく細い三日月。**月芽**とも書く。
「目をこらして―を見る」

初月（しょげつ） 正月。第1回の月。また、陰暦で、その月に初めて出る月。

新月（しんげつ） ①陰暦で月の第1日。②陰暦で、月の初めに見える細い月。特に、陰暦8月3日の月。[秋] ③東の空に昇り始めた月。

繊月（せんげつ） 細い形の月。「樹頭にかかる―」

眉月（びげつ） 眉のような形の細い月。三日月。

三日月（みかづき） 陰暦で(8月)3日の夜に出る月。[秋]
「弓のように細い―」

若月（わかつき） 三日月の異称。

見えない月・かすんだ月

雨月（うげつ） ①陰暦八月十五夜の月が雨のために見えないこと。[秋] ②陰暦5月の異名。

薄月（うすづき） 薄雲のかかった月。「ホテルを出たときは―が出ていた」

煙月（えんげつ） 霞んで見える月。**烟月**とも書く。
「庭園をほのかに照らす―」

朧月（おぼろづき） 春の夜のほのかにかすんだ月。**ろうげつ**ともいう。[春]
「―夜」

56

朔月（さくげつ）朔（陰暦で月初め）のときの月。新月。

淡月（たんげつ）薄く霞んだ月。[春]

中秋無月（ちゅうしゅうむげつ）陰暦8月15日の夜の月が、曇雨天のため見られないこと。

無月（むげつ）空が曇って月が見えないこと。特に、中秋の名月についていう。[秋]
「今夜も—で残念だ」

場所の月

海月（かいげつ）海上の月。また、くらげ。

空明（くうめい）月光が水に映ること。
「湖畔にたたずみ、一人静かに—を眺める」

江月（こうげつ）川の上にかかる月。
「川面に揺らぐ—」

湖月（こげつ）湖に映った月。
「船べりで—を眺めて物思いにふける」

水月（すいげつ）水と月。また、水面に映る月。
「窓から川面を眺めると、揺らめく—が目に入った」

田毎の月（たごとのつき）たくさん並んだ田（特に信濃の姨捨山（おばすてやま）のもの）の一枚一枚に月が映ること。
「帰る雁—のくもる夜に（与謝蕪村）」

月の例え

玉兎（ぎょくと）月の異名。
「金烏—」
＊月の中にウサギがすむという伝説に基づく。

桂月（けいげつ）①月の中に桂の木があるという伝説から、月の異名。
②陰暦8月の異称。かつらづき。

月の鏡（つきのかがみ）月を映す池の水を鏡にたとえた語。また、明るく照る月を鏡にたとえた語。

月の氷（つきのこおり）澄み渡って氷のように見える月。

月の船（つきのふね）大空を海に、月を船にたとえていう語。

美しい月

神代の月（かみよのつき）神代の昔から変わらぬ月。
「—に昔日を偲ぶ」

寒月（かんげつ）冬の夜空の冴え渡った月。[冬]
「白樺林の向こうに—が見える」

月暈（げつうん）月の周りにできる光の輪。

月虹（げっこう）月の光によって生じる白い虹。

皓月（こうげつ）明るく輝く月。
「—を頼りに夜道を歩く」

晴月（せいげつ）雲ひとつなく晴れわたった空に照りはえる月。

清月（せいげつ）清らかな光の月。

青月（せいげつ）青白く見える月。
「夜も更けて—の光が際立って見える」

霽月（せいげつ）雨が上がった後の月。転じて、曇りなくさっぱりした心境。
「光風—〔＝さわやかな風と晴れた月。わだかまりのない気持ちのたとえ〕」

月影 月の光、また、月。**げつえいと**
げつえい も。
「一さやか」

白月 白く輝く月。冬の月。また、明
はくげつ 月。**びゃくげつ**ともいう。
「一が冴え渡る」

朗月 澄み渡った月。
ろうげつ

季節の月など

掩蔽 おおいかくすこと。また、天体
えんぺい が他の天体を隠す現象。特に、
月が恒星を隠すこと。

斜月 沈む前の、斜めに照らす月。
しゃげつ

秋月 秋の夜の月。
しゅうげつ 「春花一」

春月 春の夜の月。[春]
しゅんげつ

太陰 太陽に対して月のこと。
たいいん 「一暦」

冬月 冬の季節。また、冬の月。
とうげつ

夕月 夕方の空に見える月。[秋]
ゆうづき 「一が光り虫が鳴いている」

宵月 宵に出ている月。[秋]
よいづき

落月 西に傾いた月。
らくげつ 「孤城一」

慣用句

春花秋月 春の花と秋の月。四
しゅんかしゅうげつ 季の自然の美。

清風明月 さわやかな風と、明る
せいふうめいげつ い月。

月と鼈 形はどちらも丸いが、比較
つき すっぽん 形にならないほど違いが大き
いことのたとえ。

月に群雲花に風 よいこと
つき むら くも はな かぜ には邪魔
が入りやすく、長くは続かないとい
うたとえ。

月は世々の形見 月は、太
つき よ よ かたみ 古から現
在まで、世の移り変わりをいつも照
らし続けてきているから、月を見れ
ば昔のことがしのばれるということ。

その他の表現

ムーン・フルムーン・ムーンラ
イト・クロワッサン・ルナ

58

星

→ 空／月／光／夕／夜

基本の表現　[星・太陽系・惑星・人工衛星・彗星・隕石・流れ星・衛星・銀河・天の川・恒星・星座・等星]

★太陽系の惑星

水星　金星　地球　火星
木星　土星　天王星　海王星

＊冥王星は2006年に惑星から外された。

星

赤星　明るく、または赤く輝く星。また、明けの明星。

荒星　木枯らしの吹く夜の星。

暗黒星雲　自ら光を発しないが、背後の星雲や星の光をさえぎっていることによりその存在が認められる星間物質の雲。

一番星　夕方、最初に見え始める星。
「—見つけた」

凍て星　凍りついたように光のさえた、冬の星。[冬]

渦巻星雲　渦巻状に見える銀河系外星雲。

客星　いつもは見えず、一時的に見える星。彗星・新星など。

暁星　明け方の空に残る星。また、明けの明星。

綺羅星　立派な人が連なり並んでいることをいう語。
＊「綺羅、星の如し」という言い方から、誤ってできた語。

景星　めでたいことの兆しとして現れる星。

残星　夜明けの空に残っている星。

将星　中国古代に大将になぞらえた星。また、将軍。

蝕　天体が他の天体のうしろ、または影の中にはいる現象。

晨星　夜明けの空に残る星。
「—寥々（＝まばらなさま）」

辰星　星。また、水星の別名。**たち みぼし**ともいう。
「夕闇に輝く—」

瑞星　めでたいきざしを示す星。景星。

星雲　銀河系の中に存在する雲状の天体。

星河　あまのがわ。**せいか**ともいう。

星間　星と星の間。
「—物質」

星漢　天の川。類**天漢・銀漢**
＊「漢」は中国の漢水（長江の支

59

流)から転じて川の意。

星辰 せい しん
星。また、星座。
「日月―」

星団 せい だん
密集した恒星の集団。
「球状―」

星斗 せい と
星。
「―闌干らんかんたる夜」

星芒 せい ぼう
星の光。
「―形のマーク」

星霧 せい む
星雲の別称。

近星 ちか ぼし
月の近くに出る星。死・火事など凶事の前兆とされた。

天河 てん が
あまのがわ。
「―のかかる夜空」

糠星 ぬか ぼし
夜空に散らばって見える、糠のように小さい無数の星。

星屑 ほし くず
ちらばって光るたくさんの小さい星。無数の星。

星の位 ほし くらい
三公以下、公卿ぎょう・殿上人の称。
＊禁中に公卿の列座するさまを多くの星が天に並ぶことにたとえた。

満天の星 まん てん ほし
空いっぱいに数多くの星が見えるさま。
＊「満天の星空」は「天」と「空」が重複するので不適切。

列星 れっ せい
天空につらなる星。多くの星。
「―のなか、ひときわ強く輝く」

恒星など

巨星 きょ せい
①半径や絶対光度などが大きい恒星。
②偉大な人物。
「―墜つ」

牽牛 けん ぎゅう
わし座のα星アルタイルの漢名。天の川をへだてて織女と対する。牽牛星。[秋]

原始星 げん し せい
生まれたばかりの星。

重星 じゅう せい
眼では一つに見えるが望遠鏡で見ると2個以上の恒星から成る星群。

主星 しゅ せい
連星のうち、明るい方の星。

新星 しん せい
突然輝きを増した後にもとの明るさにもどっていく恒星。

双星 そう せい
並んで見える二つの星。牽牛星と織女星。

超新星 ちょう しん せい
恒星が急激に新星の数千倍も輝き、その後ゆっくりと減光していく現象。

定星 てい せい
恒星。

伴星 ばん せい
連星のうちで、暗い方の星。

変光星 へん こう せい
みかけの明るさが変化する恒星。

ラジオ星
電波天体。電波星。

連星 れん せい
2個の星が引力を及ぼし合って、共通の重心の周りをまわっているもの。類二連星

矮星 わい せい
半径や絶対光度が巨星よりの小さい恒星。

流星など

隕星 いん せい
隕石。
「昨夜の怪火の正体は―であった」

星雨 せい う　流星雨。

天狗星 てん ぐ せい　音を立てて落下したり、地上に落ちて燃えたりする、大きな流星。

箒星 ははき ぼし　彗星。ほうきぼしとも。「地球と一が衝突するという流言が広まっている」

飛星 ひ せい　流星。

戈星 ほこ ぼし　彗星の古称。

星石 ほし いし　隕石。

奔星 ほん せい　流星。

婚星 よばい ぼし　流星。[秋]

流星 りゅう せい　大気中に突入してきた天体のかけら。流れ星。

流星群 りゅう せい ぐん　毎年決まったころ、一定の星座から放射状に現れるたくさんの流星。

星座など

青星 あお ぼし　おおいぬ座の首星シリウス。「冬空に強く輝く一」

α星 アルファ せい　一つの星座の中で最も明るい星。類首星
＊2番目はβ星ベータ、3番目はγ星ガンマ。

織姫星 おり ひめ ぼし　織女星。

源氏星 げん じ ぼし　オリオン座β星のリゲルの和名。
＊同じオリオン座の赤色の輝星ベテ

ルギウスに対して、青白色のため源氏の白旗にたとえて名づけられた。

首星 しゅ せい　星座の中で最も明るい恒星。「こぐま座の一が北極星だ」

織女星 しょく じょ せい　琴座のα星ペガの漢名。天の川を隔てて牽牛と対する。織姫おり姫ひめ。

昴 すばる　散開星団プレアデスの和名。＊動詞「統すばる」から。

星宿 せい しゅく　昔の中国の星座。二十八宿。類星ほしの宿やどり

星躔 せい てん　①星宿。②星空。

添い星 そ ぼし　二十八宿の房宿ぼうしゅくの和名。

七つ星 なな ぼし　北斗七星。「一を頼りに方角を知る」

二星 に せい　二つの星。特に、牽牛星と織女星。じせいともいう。

彦星 ひこ ぼし　牽牛けんぎゅうの和名。「織姫と一」

平家星 へい け ぼし　オリオン座α星のベテルギウスの和名。

北辰 ほく しん　北極星。「一を中心に衆星が巡る」

北斗星 ほく と せい　北斗七星。「夜になって一が出てくる」

北極星 ほっ きょく せい　こぐま座のα星。天の北極に最も近い。

三つ星 み ぼし　オリオン座の中央部に並ぶ星。

南十字星 みなみじゅう じ せい　南十字座の中心にあって、十字形をなす4個の輝星。

六連星
むつらぼし 昴の異名。

夫婦星
めおとぼし 牽牛星と織女星。

惑星など

外惑星
がいわくせい 太陽系で地球より外側に軌道をもつ惑星。

彼は誰星
かわたれぼし（「かわたれどき」に出る星の意）明け方に見える星。あけの明星。

行星
ぎょうせい 惑星の中国名。

熒惑
けいわく 火星の古代中国名。**けいこく**ともいう。

歳星
さいせい 木星の別名。

三光
さんこう 太陽・月・星のこと。

三辰
さんしん 日・月・星（北斗星）の総称。

小惑星
しょうわくせい 主として火星と木星との軌道の間にあって、太陽の周りを公転している数多くの小天体。類**小遊星**しょうゆうせい

太白
たいはく 金星。太白星。

大惑星
だいわくせい 水星から海王星までの太陽系の8個の惑星。

鎮星
ちんせい 土星の別名。類**填星**てんせい

徳星
とくせい ①めでたい星。②木星の異名。

内惑星
ないわくせい 太陽系で地球より内側に軌道を持つ惑星。

陪星
ばいせい 衛星。

一つ星
ひとつぼし 明け方または夕方にただ一つ出ていることから、金星の別名。

明星
みょうじょう 明るく輝く星。特に金星。「明けの一／宵の一」
＊その分野で人気のある人、すぐれた人のたとえにも用いられる。

夕星
ゆうずつ 夕暮れの西空に見える金星。宵の明星。**長庚**とも書く。

遊星
ゆうせい 惑星。

宵の明星
よいのみょうじょう 日没後、西天に輝く金星。

その他の表現

アンドロメダ座・いて座・おうし座・おおいぬ座・おおくま座・おとめ座・オリオン座・かに座・こいぬ座・こぐま座・こと座・カシオペア座・ペガサス座・さそり座・しし座・てんびん座・はくちょう座・ふたご座・みずがめ座・南十字星・やぎ座・わし座・アルタイル・アルデバラン・アンタレス・シリウス・スピカ・デネブ・プロキオン・ベガ・レグルス・プレアデス星団・地球型惑星・木星型惑星
星降る夜

地

光

→ あかるい／あたたかい・あつい／晴れる／空／太陽／火・炎／春／夏／秋／冬

基本の表現
[光・明かり・輝き・光線・
光明・消灯・電灯・反射]

夜の光

川明かり 日が暮れて、辺りが暗くなった時に、川の水面がほのかに明るく見えること。

極光 オーロラ。「昼夜のない—地方」

星彩 星の光。

月明かり 月の光(で明るいこと)。「—の野道を歩く」

星明かり 星の光による明るさ。「—だけでは夜道は心許ない」

星影 星の光。「—を仰ぐ」

街明かり 夜、遠くに見える街の電灯・ネオンなどの明かり。「遠くに—が見えてきてほっとした」

夜光 暗いところで光るようになっていること。また、晴れた夜空の、星の光以外の薄明るい光。「—現象」

雪明かり 積もった雪の反射で、夜も辺りが薄明るく見えること。[冬]「—で姿がぼんやり見えた」

日中の光

愛日 冬のありがたい日の光。対畏日

「久々の—を身に浴びながら、公園を散歩する」

朝日影 朝日の光。「—が家々の壁に当たる」

朝焼け 日の出の時、東の空が一面に赤くそまること。[夏]「海を赤く染める美しい—」

畏日 夏の厳しく照りつける太陽。対愛日「—を極力避けるには、日傘は欠かせない」

薄明かり 弱いかすかな光。また、日の出前や日没後のかすかな明るさ。「夜明けの—のなか、家を忍び出た」

円光 月や日の円形の光。また、仏・菩薩の頭の後方から放たれる円形の光。「—をいただいているような姿」

外光 外の太陽の光。「窓から—を取り入れる」

暁光 明け方、東の空にさす光。「—に当たって目もすっかり覚めた」

旭光 きょっこう 朝日の光。
「―にきらめく鎧」

木漏れ日 こもれび 木の葉の間からもれてさす日の光。
「―の林道を歩く」

御来光 ごらいこう 高山などで、尊いものとして迎える日の出。[夏]
「富士山頂で―を拝む」

残映 ざんえい 夕焼け。
「―が山を赤く染めている」

残光 ざんこう 日没後も空に残っている光。圓残照ざんしょう
「夕暮れの―も消えようとしている」

慈光 じこう 太陽の光。
「―の恵みを受けて育つ農作物」

自然光 しぜんこう 太陽などの天然の光。
「―を取り入れるために窓を広く設計した」

斜暉 しゃき 斜めにさす夕日の光。
「部屋に―が差し込み、壁を赤く染めた」

秋陽 しゅうよう 秋の日の光。
「―を受けて輝く家々」

春光 しゅんこう 春の陽光。また、春の景色。[春]
「うららかな―を浴びて丘陵を歩く」

照射 しょうしゃ 日光などが照りつけること。また、光線などを当てること。
「―時間」

曙光 しょこう ①夜明け方、東の空に見える光。
②明るいきざし。
「平和の―」

夕暉 せっき 夕方の日の光。
「―に映える山の稜線」

仄日 そくじつ 輝く太陽。
「山並みを照らす―」

太陽光 たいようこう 太陽の光。
「―の直射」

昼光 ちゅうこう 太陽光による昼間の明るさ。
「―色のLED灯」

天光 てんこう 太陽の光。

日影 にちえい 日の光。
「―の暖かに当たる窓」

日面 にちめん 日光の当たる側。

日射 にっしゃ 日光がさすこと。
「北国の春先の―は強い」

日色 にっしょく 太陽の色。また、太陽の光。

白日光 はくじつこう 輝く日の光。

葉漏れ日 はもれび 木の葉の隙間すきから漏れる日の光。
「―の中を散策する」

晩暉 ばんき 夕方の日。
「―に照らし出された山並み」

日差し ひざし 太陽の光。また、その照り具合。
「初夏の―に新緑が映える」

日の目 ひのめ 日の光。また、日光がもたらす明るさ。

冬日 ふゆび 冬の日光。また、冬の日。[冬]
「枯れ草が―に照らされている」

夕明かり ゆうあかり 夕暮れに残るほのかな明るさ。
「外から―がさしている」

夕影 ゆうかげ 夕方の日の光。

夕映え <ruby>夕<rt>ゆう</rt></ruby><ruby>映<rt>ば</rt></ruby>え　夕日に反映して物の色が照り輝くこと。また、薄暗い夕方頃、かえって物の色があざやかに美しく映えること。
「西の空の一が美しい」

夕日影 <ruby>夕<rt>ゆう</rt></ruby><ruby>日<rt>ひ</rt></ruby><ruby>影<rt>かげ</rt></ruby>　夕日の光。
「枯れ野を照らす一」

夕焼け <ruby>夕<rt>ゆう</rt></ruby><ruby>焼<rt>や</rt></ruby>け　太陽が沈む頃、西の空が赤く見えること。〔夏〕
「一小焼け」

陽光 <ruby>陽<rt>よう</rt></ruby><ruby>光<rt>こう</rt></ruby>　太陽の光。
「真夏の一」

緑閃光 <ruby>緑<rt>りょく</rt></ruby><ruby>閃<rt>せん</rt></ruby><ruby>光<rt>こう</rt></ruby>　日の出・日没時に、太陽上端が緑色に見える現象。

人と光

窓明かり <ruby>窓<rt>まど</rt></ruby><ruby>明<rt>あ</rt></ruby>かり　窓から差し込む光。また、窓からもれる明かり。
「部屋の一で庭がおぼろげに見えている」

行灯 <ruby>行<rt>あん</rt></ruby><ruby>灯<rt>どん</rt></ruby>　四角な木・竹の枠に紙を張り、中に油受けを置いて火をともした照明器具。

一閃 <ruby>一<rt>いっ</rt></ruby><ruby>閃<rt>せん</rt></ruby>　ピカッと光ること。
「白刃一」

眼光 <ruby>眼<rt>がん</rt></ruby><ruby>光<rt>こう</rt></ruby>　目の光。また、観察力。
「一炯々」

輝度 <ruby>輝<rt>き</rt></ruby><ruby>度<rt>ど</rt></ruby>　発光体の単位面積当たりの明るさ。
「液晶画面の一」

逆光 <ruby>逆<rt>ぎゃっ</rt></ruby><ruby>光<rt>こう</rt></ruby>　撮影などで、対象物の背後かららす光。類**逆光線**<ruby>ぎゃく<rt></rt></ruby>こうせん

煌めき <ruby>煌<rt>きら</rt></ruby>めき　きらきらと光り輝くこと。
「星の一」

蛍光 <ruby>蛍<rt>けい</rt></ruby><ruby>光<rt>こう</rt></ruby>　蛍の光。また、ある物質に光や電磁波などを照射した時に発光する現象。

光華 <ruby>光<rt>こう</rt></ruby><ruby>華<rt>か</rt></ruby>　美しく光ること。
「見たこともない一を放つ」

光輝 <ruby>光<rt>こう</rt></ruby><ruby>輝<rt>き</rt></ruby>　光と輝き。また、栄誉。
「一ある母校の伝統」

光彩 <ruby>光<rt>こう</rt></ruby><ruby>彩<rt>さい</rt></ruby>　鮮やかな光。また、才能などが目立つこと。
「ひときわ一を放つ」

光沢 <ruby>光<rt>こう</rt></ruby><ruby>沢<rt>たく</rt></ruby>　なめらかな表面が光を受けて発する輝き。
「金属一を持つ甲虫」

光背 <ruby>光<rt>こう</rt></ruby><ruby>背<rt>はい</rt></ruby>　仏像の背後についている、仏身から放射される光明を象徴的に表す装飾。

光芒 <ruby>光<rt>こう</rt></ruby><ruby>芒<rt>ぼう</rt></ruby>　光のほさき。
「サーチライトの一」

光輪 <ruby>光<rt>こう</rt></ruby><ruby>輪<rt>りん</rt></ruby>　キリスト教関係の美術で、聖人や神的人格の象徴として頭の周囲に描かれた光の輪。

後光 <ruby>後<rt>ご</rt></ruby><ruby>光<rt>こう</rt></ruby>　仏や菩薩<ruby>ぼさつ<rt></rt></ruby>の背中から放射するといわれる神秘的な光。
「一がさす」

採光 <ruby>採<rt>さい</rt></ruby><ruby>光<rt>こう</rt></ruby>　室外の明るさを、窓などを通して室内に取り入れること。
「天窓から一した部屋」

紫外線 <ruby>紫<rt>し</rt></ruby><ruby>外<rt>がい</rt></ruby><ruby>線<rt>せん</rt></ruby>　電磁波の一種。
「一対策」

斜光 <ruby>斜<rt>しゃ</rt></ruby><ruby>光<rt>こう</rt></ruby>　ななめにさす光線。
「夕方の一に照らされた花」

遮光 <ruby>遮<rt>しゃ</rt></ruby><ruby>光<rt>こう</rt></ruby>　光を遮ること。
「一カーテン」

順光線 <ruby>順<rt>じゅん</rt></ruby><ruby>光<rt>こう</rt></ruby><ruby>線<rt>せん</rt></ruby>　撮影などの対象物の正面から照らす光線。

照度（しょうど）光に照らされた面の明るさの度合い。単位はルクス。
「―計」

燭光（しょっこう）ともしび。
「電灯の―はそれほど強くない」

瑞光（ずいこう）めでたい光。
「―が四方を照らす太平の世を希求する」

精彩（せいさい）あざやかで生き生きしていること。また、輝かしい光。

赤外線（せきがいせん）電磁波の一種。
「―写真」

閃光（せんこう）瞬間的に強く光る光。
「―が走る」

直射（ちょくしゃ）まっすぐに照らすこと。
「―日光」

手燭（てしょく）手に持つ明かり。
「―の光で相手をよく見た」

点滅（てんめつ）あかりがついたり消えたりすること。
「ネオンが―する」

投影（とうえい）ものの影をある物の上に映すこと。また、その影。

灯火（とうか）ともしび。
「―管制」

投射（とうしゃ）光を当てること。
「探照灯を―する」

入射（にゅうしゃ）光などがある媒質から別の媒質に入ること。

白光（はっこう）白い光。

発光（はっこう）光を発すること。
「ストロボがうまく―しない」

反映（はんえい）光や色が反射してうつること。
「木々の緑が湖面に―する」

反照（はんしょう）光が照り返すこと。
「残雪が日光に―する」

微光（びこう）かすかな光。
「事件解決への―すら見えない」

微明（びめい）かすかに明るいこと。
「払暁の―」

閃き（ひらめき）ひらめくこと。また、一瞬の間光ること。
「稲妻の―」

返照（へんしょう）光が照り返すこと。特に、夕映え。
「雪のまぶしい―」

明輝（めいき）明るく輝くこと。また、その光。

明光（めいこう）明るい光。
「月の―」

明滅（めいめつ）灯火などがついたり消えたりすること。明るくなったり暗くなったりすること。
「―する漁り火」

幽光（ゆうこう）かすかな光。

乱反射（らんはんしゃ）表面にでこぼこがある物体に光線が当たって、いろいろの方向に反射すること。
「波が陽光を―する」

燐光（りんこう）黄燐が空気中で酸化されて出す青白い光。

その他の表現

きらきら・ぴかぴか・ぴかっ
ライト・シャイン・レーザー・
ビーム・サンシャイン・レイ・
オーロラ・フラッシュ

67

火・炎

→ あかるい／あたたかい・あつい／晴れる／太陽／光

基本の表現
火・炎・焔・火炎・火焔・燃焼・発火・
火の粉・火の玉・火の手・火花・噴火

地
火・炎

火

熱火（あつび） 盛んに燃える火。**ねっか**ともいう。
「—のような怒気」

活火（かっか） 盛んにおこった火。
「生命の—」

火片（かへん） 火の粉。

紅蓮（ぐれん） 盛んに燃え上がる炎の色。
＊「紅蓮地獄」を紅の炎の燃え立つ所と誤認したところから。紅蓮地獄は、寒さのために皮膚が裂けて紅色の蓮の花のように真っ赤になる所という。

紅炎（こうえん） 赤い炎。

紫炎（しえん） 紫色の炎。

閃火（せんか） ひらめく火。
「火打ち石を打つ度に—がひらめく」

残り火（のこりび） 燃え尽きずに残っている火。
「蛍ほどの—」

走り火（はしりび） はね飛ぶ火。
「火鉢から飛んだ—でやけどをする」

裸火（はだかび） 覆いがないむき出しの火。
「蠟燭（ろうそく）の—」

火煙（ひけぶり） 火と煙。また、火が燃えるときに出る煙。**ひけむり**とも。
「爆音と同時に—に包まれた」

火先（ひさき） 燃える火の先端。
「たいまつの—が揺れる」

一つ火（ひとつび） 一片の火。

武火（ぶか） 激しく燃える火。対**文火（ぶんか）**
「一瞬のうちに—に包まれる」

真火（まび） 火の美称。
「あかあかと美しく燃える—」

向かい火（むかいび） 野火などで燃え進んでくる火に対してこちらから火をつけて火勢を弱らせること。

猛炎（もうえん） 燃えさかる炎。
「—に包まれ焼死した」

猛火（もうか） 激しく燃える火。**みょうか**とも。

夜火（やか） 夜の火。

余炎（よえん） 消え残りの炎。また、残暑。
「たき火の—で焼き芋をする」

烈火（れっか） 激しく燃える火。
「—のごとく怒る」

合い火〔あいび〕 服喪中など忌みごとのある家の火を用いること。

青火〔あおび〕 鬼火。「墓場で―を見たという」

後火〔あとび〕 嫁入りの時に行列が嫁の生家を出た後、また、葬式の時に葬列が門を出た後、再び戻らぬようにと門前でたく送り火。跡火とも。

忌火〔いむび〕 神への供物を煮炊きするための斎み清めた火。斎火とも。

陰火〔いんか〕 幽霊などが出るときに燃えるという火。また、人魂。

送り火〔おくりび〕 盂蘭盆の最後の日の夜、祖先の霊を送るために燃やす火。〔秋〕

鬼火〔おにび〕 夜間に墓地などで青白く燃える火。

門火〔かどび〕 ①盂蘭盆に死者の霊魂を迎え、送るために門前でたく火。迎え火と送り火がある。〔秋〕
②葬式の出棺の時、また、婚礼で娘が実家を出発する際や婚家に入る際に門前でたく火。

狐火〔きつねび〕 闇夜に山野などで見られる奇怪な青白い火。〔冬〕
*狐の口から出るということから。

清火〔きよび〕 火打ち石で出した清浄な火。

香火〔こうか〕 仏前などでたく焼香の火。また、その香り。

業火〔ごうか〕 罪人を焼く地獄の火。また、激しい火災。

劫火〔ごうか〕 仏教で、世界を焼き尽くすという火。

獄火〔ごくか〕 地獄の火。

下火〔したび〕 火や物事の勢いが衰えること。*「下火。」は、禅宗で導師が遺骸に点火する儀式。

浄火〔じょうか〕 神仏にささげる聖なる火。「祭壇に―がともされた」

不知火〔しらぬい〕 夜間の海上に多くの光がゆらめいて見える現象。〔秋〕

神火〔しんか〕 神聖な火。人為を超えた不思議な火。

施火〔せか〕 精霊送りに焚く火。

霊送り火〔たまおくりび〕 送り火。

人魂〔ひとだま〕 夜間、空中を飛ぶ青白い火の玉。

百八炬火〔ひゃくはったい〕 新盆の家あるいは村共同で焚くたいまつ。**類**万灯火

別火〔べっか〕 神職などが日常用いる火によるけがれを忌んで食物の調理の火を別にすること。

法灯〔ほうとう〕 釈迦の教えを、闇を照らす灯火に例える語。法の灯とも。

迎え火〔むかえび〕 盂蘭盆の入り日の夕方、先祖の霊を迎えるために門前でたく火。〔秋〕

幽霊火〔ゆうれいび〕 幽霊のそばで燃えるとされる青白い火。

燐火〔りんか〕 狐火。「宙に浮遊する―」

その他の表現

ファイヤー・火の気・火勢

69

火・炎（人との関わり）

→ あかるい／あたたかい・あつい／晴れる／太陽／光

基本の表現 ｜ 灯・火薬・松明・焚き火・弱火・中火・強火 ｜

芥火（あくたび） 海人が藻屑を燃やす火。
「海女が一を焚いている」

朝焚火（あさたきび） 朝する焚き火。

葦火（あしび） 干した葦を燃やすたき火。[秋]

畦火（あぜび） 早春、害虫駆除のために田畑の畦を焼く火。[春]

溢れ火（あぶれび） ガスこんろに置いたやかんや鍋の側面から火がはみでた状態。

行火（あんか） 炭火を入れて手足を温める暖房器具。[冬]
「電気一」

石の火（いしのひ） 火打ち石で出す火。類打ち火

鵜飼い火（うかいび） 鵜飼いで焚くかがり火。[夏]

埋み火（うずみび） 灰の中にうずめた炭火。[冬]
「燃え残った一のほのかな明るさ」

打ち松（うちまつ） かがり火に焚く折った松。類折り松

煙火（えんか） 煙と火。飯を炊く火。のろし。また、花火。

焔硝火（えんしょうび） 舞台で、幽霊が出るときなどに出す火。
「一が浮かび、四谷怪談の幽霊が登場した」

燠火（おきび） 炭・まきなどが燃えきって、上に白いものが見え始めた状態。熾火とも書く。
「火鉢の一を眺めながらの問わず語り」

桶火（おけび） 火桶の火。

篝火（かがりび） 周囲を照らすためにたく火。
「警護のための一を焚く」

蚊遣火（かやりび） 蚊を追い払うためにいぶす火。蚊火とも。[夏]

炬火（きょか） たいまつ。
「山腹に点々と連なる一の列」

漁火（ぎょか） 漁船が魚をおびき寄せるためにたくかがり火。いさりびとも。
「闇夜の海にゆらめく一」

切り火（きりび） 堅い材をすりあわせておこす火。また、火打ち石と火打ち金を打ち合わせておこした火。鑽り火とも。
「神棚に一を上げた」

口火（くちび） ①ガス器具などの点火に使う種火。
②物事が起こるきっかけ。
「一を切る」

号火　ごうか　合図の火。のろし。

孤灯　ことう　暗い中に一つだけともっている灯火。
「―一穂_{すい}」

差し火　さしび　炭を継ぎ足すこと。

残火　ざんか　燃え残りの火。また、暁の茶事の際に前夜の灯籠の火が露地を照らしていること。

直火　じかび　直接火に当てること。
「―焼き」

忍び火　しのびび　音を立てずに打つ切り火。

銃火　じゅうか　銃弾を撃つときに出る火。また、銃器による攻撃。
「―を交える」

松火　しょうか　たいまつ。

焼酎火　しょうちゅうび　歌舞伎の小道具で、焼酎を浸した布を、差し金の先に針金でつってともした火。
「幽霊の出る場面に―を焚く」

樟脳火　しょうのうび　樟脳を燃やした青い火。芝居で用いた。

燭　しょく　ともしび。
「―をとる」

燭火　しょっか　ともしび。
「風に―が揺れる」

燧　すい　①火打ち石を打ち合わせて出す火。
「苦労しておこした―を火種にする」
②のろし。

すくも火　すくもび　すくも（枯れた葦_{あし}や茅_{かや}など）を焚く火。

擦り火　すりび　切り火。

聖火　せいか　神にささげる神聖な火。また、オリンピックの際にギリシャのオリンピアで採火して競技場へ運ぶ火。
「―リレー」

石火　せっか　火打ち石を打つときに出る火。
「―の光」

第三の火　だいさんのひ　原子力のこと。＊石炭・石油が第一、電気が第二などという。

種火　たねび　いつでも火がおこせるように用意しておく小さな火。
「囲炉裏_{いろり}に―を残す」

煙草火　たばこび　たばこの火。

続松　ついまつ　たいまつ。
「おのおの手に―を持って山狩りに出る」

庭燎　ていりょう　庭で焚くかがり火。庭火。

導火　どうか　火薬を爆発させるためにつける火。
「―線」

遠火　とおび　火から離れていること。
「―で魚を焼く」

とろ火　とろび　勢いの弱い火。
「―で煮詰める」

庭火　にわび　庭で焚く火。特に、宮中で神事がおこなわれる際に庭で焚かれるかがり火。

微温火　ぬるび　火力の弱い火。緩火とも。
「―でじっくり焼き上げたパン」

狼煙（のろし）警報などのために高く上げる煙や火。

*中国で、オオカミの糞を用いると煙がまっすぐのぼるとされた。

花火（はなび）火薬に発色剤を混ぜて包んだものに火をつけて、美しい光を楽しむもの。[秋]

「線香一」

火入れ（ひいれ）溶鉱炉などが完成して初めて点火すること。また、たばこに火をつけるための火種を入れておく小さな器。

「一式」

火打ち（ひうち）火打ち石と火打ち金を使って火を出すこと。燧（ひ）とも。

「一道具」

火切り（ひきり）切り火。また、木の台に棒を当てて、激しくもんで火を出すこと。

火種（ひだね）火をおこすもとになる火。また、争いなどの原因。

「一を絶やす」

火付き（ひつき）火が燃えつくこと。

「一の悪いライター」

火点し（ひともし）火をともすこと。

火縄（ひなわ）竹・ヒノキの皮・木綿糸などを縄状にし、硝石を吸収させたもの。

「一銃」

火持ち（ひもち）火が消えないで長く持つこと。

「一のよい木炭」

烽火（ほうか）のろし。また、戦争。

「一を焚いて敵襲を知らせる」

砲火（ほうか）大砲を発射したときに出る火。また、砲撃。

「十字一」

榾火（ほたび）枝切れなどを燃やす火。**ほだ**びとも。[冬]

股火（またび）火鉢などにまたがるようにしてあたること。

道火（みちび）火縄。

藻塩火（もしおび）藻塩を作るときに焚く火。

燎火（りょうか）かがり火。

「庭の池に一の影が揺らめいて美しい」

狼火（ろうか）のろし。

「合図の一が上がった」

炉火（ろか）囲炉裏の火。

藁火（わらび）わらを燃やした火。

「一のわずかなあたたかさ」

その他の表現

着火・点火・消火・火加減・火の元・火気・炭火・蛍火

72

火・炎（燃える）

→ あかるい／あたたかい・あつい／晴れる／太陽／光

基本の表現　火事・火災・出火・消火・引火・
焼失・大火・鎮火・防火

怪し火（あやしび）　不審火。また、妖怪の火。
「寺が―で焼けた」

炎火（えんか）　激しく燃え上がる火。

炎上（えんじょう）　①炎を高くあげて燃えること。
特に大きな建物が燃えあがること。
②（インターネット上で）失言などに
対し、批判や中傷が集中すること。

怪火（かいか）　原因不明の火事。また、鬼火
など。
「近所で頻々と起こる―を警戒する」

回禄（かいろく）　火の神の名。転じて、火災。
「新築の家で―除けの祈禱をしてもらう」

火難（かなん）　火災。火の災難。
「―除けのお札」

急火（きゅうか）　急な火事。また、近所の火事。

近火（きんか）　近所の火事。
「―見舞い」

自火（じか）　自分の家から出した火事。
「―によって家を失う」

失火（しっか）　過失による火事。
「―で劇場が全焼した」

祝融（しゅくゆう）　中国で火を司る神。また、火
事。

「―の災いに遭って家財全てを失っ
た」

小火（しょうか）　小さな火事。**ぼや**ともいう。
「幸いに―のままで消し止めた」

焼尽（しょうじん）　すっかり焼けてしまうこと。
「烈火は1時間ほどで村全部を
―した」

人火（じんか）　人の過失による火事。

戦火（せんか）　戦争によって起こる火災。ま
た、戦争。
「新宿周辺も―でずいぶん焼けた」

粗相火（そそうび）　誤って出した火事。
「―で3棟を焼く」

付け火（つけび）　放火。
「原因は―に違いあるまい」

天火（てんか）　落雷による火災。

飛び火（とびひ）　火の粉が飛び散ること。ま
た、火事で火の粉が飛ん
で離れたところが燃え出すこと。
「風が強く、―が防げなかった」

跳ね火（はねび）　はじけて飛ぶ火の粉。

火脚（ひあし）　火の燃え広がる速さ。
「―が意外に速く大火事になっ
た」

73

火移り ひうつり　火が燃え移ること。
「―が速い」

火達磨 ひだるま　全身火に包まれて燃えるさま。
「全身―になって死んだ」

火の海 ひのうみ　火が一面に燃え広がっていることをいう語。
「空襲で工場地帯は―になっていた」

火柱 ひばしら　大きく高く燃えて柱のように見える炎。
「爆発音と同時に―が立った」

不審火 ふしんび　原因不明の火事。ふしんかともいう。
「雑居ビルで―が発生した」

兵火 へいか　戦争によって起こる火災。また、戦争。
「南北朝の―にさらされて、焼け残った寺院」

水流れ みずながれ　火事を忌んでいった語。火災。
「今年は―が多いので特に注意する」

貰い火 もらいび　他家の火事から自分の家に燃え移ること。
「迅速な消火活動で―を免れた」

山火 やまび　①山火事。
「―でヤナギの木が多く焼けた」
②山焼きの火。[春]

余燼 よじん　火事などの後に燃え残った火。
「事件の―はいまだにくすぶっている」

雷火 らいか　①いなびかり。
「―に打たれる」
②落雷による火事。
「―で焼失した寺院の宝塔を建て直す」

燎原の火 りょうげんのひ　燃え広がって野原を焼く火。勢いが盛んで止められないもののたとえにいう。
「民権運動が―のごとく広がっていった」

類焼 るいしょう　他から燃え移った火によって焼けること。類 **類火**
「風上だったので、運良く―を免れた」

弄火 ろうか　火遊び。

土

→ 野原／草／石

基本の表現
　土・土壌・粘土・泥・泥道・泥水・
　土砂・地面・大地・土地・地層

土の現象

陽炎（かげろう）
春や夏に日光が照りつける地面からたちのぼる気。[春]
「一がゆらゆらと立ち上る」

地滑り（じすべり）
傾斜地の地表がすべり動く現象。

褶曲（しゅうきょく）
平らな地層がしわをよせたように波状に曲がる現象。
「一山脈」

春泥（しゅんでい）
春先に雪解けなどでできるぬかるみ。[春]

雪泥（せつでい）
雪解けのぬかるみ。
「一の鴻爪（こうそう）（＝あとかたが残らないたとえ）」

土いきれ（つち）
太陽に照らされて土が熱気を発すること。
「夏の一で草もぐったりしている」

土いじり（つち）
土をいじること。また、趣味としての園芸。

土臭い（つちくさい）
①土のにおいがする。
「収穫したての一大根」
②洗練されず田舎びている。

土煙（つちけむり）
土砂が舞い上がって煙のように見えるもの。
「一を上げて馬車が通る」

土埃（つちぼこり）
風に飛び散る細かい土砂。すなぼこり。

泥濘（でいねい）
ぬかるみ。
「雨上がりの一」

泥流（でいりゅう）
火山噴火や山崩れなどで、斜面を流れ下る大量の泥水。

凍土（とうど）
凍った土。
「永久一」

陶土（とうど）
陶磁器の原料となる粘土。
「美濃焼の一の採掘場」

土窟（どくつ）
土のほら穴。
「まるで一の中に入ったように真っ暗だ」

土砂崩れ（どしゃくず）
傾斜地の土砂が豪雨などで急激にくずれ落ちること。

土石流（どせきりゅう）
土や石が雨水などと一体で斜面を流れ下る現象。
「一が直撃する」

泥沼（どろぬま）
①泥深い沼。でいしょうともいう。
②入るとなかなか抜けられない状態のたとえ。
「一にはまり込む」

跳ね（はね）
跳ねること。また、泥などを跳ね上げること。その泥。
「一が上がる」

山津波（やまつなみ）
山崩れによって生じる土石流。類山潮

人間と土

荒土（あらつち）細かくこなれていない土。耕されていない土。また、荒壁に用いる土。

御土砂（おどしゃ）密教の土砂加持に用いる砂。

壁土（かべつち）壁を塗るのに使う土。「一が剥落している」

土器（かわらけ）釉薬をかけていない素焼きの陶器。

客土（きゃくど）よそから性質の違う土を持って来て土質を改良すること。また、その土。

耕土（こうど）耕地の土。類作土「大雨で一が押し流される」

残土（ざんど）土木工事などで出る不要な土。「一処理」

焼土（しょうど）地質の改良や消毒のために土壌を焼くこと。

焦土（しょうど）焼けて黒くなった土。また、家などがすっかり焼けてしまった土地。「空襲で一と化した中心市街」

粗泥（そでい）粗塗りに用いる壁土。

土階（どかい）土を盛り上げて作った階段。

土管（どかん）粘土を焼いて作った管。「排水用の一を埋める」

土偶（どぐう）土製の人形。類土梗ど。「縄文時代の一」

土公（どこう）陰陽道で土をつかさどる神。土公神どん。

土台（どだい）木造建築を建てるための基礎。「一石」

土盛り（どもり）土を運んできて盛り上げること。「敷地が低いので一して浸水を防ぐ」

正土（まさつち）①床の間の壁などに塗る上等の土。②田畑の表土の下にある土。

盛り土（もりつち）土を盛って地面を高くすること。**もりど**ともいう。

土の種類

青丹（あおに）①青黒い土。②日本画の顔料の一つ。岩緑青いわろくしょう。*「に」は土の意。

赤土（あかつち）鉄分を含み、赤茶色で粘り気のある土。「関東ローム層の一」

浮泥（うきひじ）泥土。*「うき」も「ひじ」も泥の意。

上土（うわつち）土地の表面を覆う土。「一は赤く、底土は黒い」

穢泥（えでい）泥のように汚れたもの。

黄土（おうど）風に運ばれて堆積した、黄褐色の細かな土。中国の華北などに分布。**こうど**ともいう。

汚泥（おでい）汚いどろ。「一処理」

苦土（くど）酸化マグネシウムの俗称。

黒土（くろつち）腐植土を含む黒い土。**こくど**ともいう。「ふかふかとやわらかい一」

珪藻土（けいそうど）珪藻の遺骸が海底などに沈殿してできた堆積物。

紅土（こうど）鉄・アルミニウムを多く含む赤い土。

赭土（しゃど）酸化鉄を含んだ赤茶色の土。

壌土（じょうど）土。土地。また、粘土が三割ほど混じった土壌。

埴土（しょくど）粘土分50％以上の土壌。排水が悪く、耕作には向かない。

白土（しらつち）白い土。陶土。また、白いしっくい。

白埴（しらはに）粘土質の白い土。

瘠土（せきど）地味がやせて、作物のよく成育しない土地。

底土（そこつち）耕土や地層の下の方の土。

土塊（つちくれ）土のかたまり。**どかい**ともいう。

土気（つちけ）①土臭い様子。
②田舎くさい様子。

泥砂（でいさ）泥と砂。**でいしゃ**ともいう。
「深海の―」

泥土（でいど）どろどろの土。また、価値のないもののたとえ。

泥裏（でいり）泥の中。**泥裡**とも書く。
「愛慾―」

土宇（どう）土地と住宅。人の住むところ。

土芥（どかい）①土とあくた。
②価値のないもの。
「財産を―のように投げ出した」

溝泥（どぶどろ）下水の底にたまっている泥。
「臭気を放つ―」

泥臭い（どろくさい）①泥のにおいがする。
②洗練されていない。

泥塗れ（どろまみれ）泥まみれになること。泥塗（でい）。

埴（はに）きめの細かい黄赤色の粘土。古代は、これで瓦や陶器を製造した。

埴生（はにゅう）埴のある土地。
「―の宿〔＝貧しい小屋〕」

表土（ひょうど）土壌の最上層。
「―がずれ落ちて岩盤が露出している」

腐植土（ふしょくど）腐植に富む土壌。
「真っ黒な―」

腐葉土（ふようど）落ち葉が積もって腐った土。

沃地（よくち）肥沃な土地。類**沃土**（よくど）
「広い―を攻め取った」

緑土（りょくど）草木の茂った土地。
「砂漠の中の―」

礫土（れきど）小石の多く混ざった土。

地
土

慣用句など

泥中の蓮（でいちゅうのはちす）汚れた環境にあっても清らかさを保つことのたとえ。

泥をかぶる（どろをかぶる）他人がとるべき責任を負う。損な役回りを引き受ける。

泥を塗る（どろをぬる）面目をつぶす。恥をかかせる。

泥を吐く（どろをはく）隠していたことを白状する。

その他の表現

ソイル・ダート・モルタル・ローム

坂

→ 土

基本の表現 [坂・坂道・上り坂・下り坂・傾斜]

坂

石坂（いしざか）石の多い坂。また、石畳の坂。

男坂（おとこざか）高い所にある社寺に通じる坂道が二つあるとき、勾配の急なほうの坂。対**女坂**
「—を息も切らさず登っていく頼もしい若者たち」

女坂（おんなざか）高い所にある社寺に通じる坂道が二つあるとき、勾配のゆるいほうの坂。対**男坂**

神の御坂（かみのみさか）神のいるという険しい坂。

急坂（きゅうはん）傾斜の急な坂。
「見上げるような—」

車返し（くるまがえし）山道などが険しすぎて車では入れないので、車を戻す場所。また、寺社の参道などで車の進入が禁じられた場所。

険坂（けんはん）けわしい坂。

勾配（こうばい）傾斜面の傾きの度合い。
「—の急な坂道」

小坂（こざか）ちょっとした坂。

坂口（さかぐち）坂の上り口。

坂輿（さかごし）山坂を行くときに用いる屋形のない輿。

坂路（さかじ）坂道。
「だらだら下りの—」

坂中（さかなか）坂の途中。

坂下（さかもと）坂の下。坂の上り口。**坂本**とも書く。
＊峠のふもとの意も。

斜径（しゃけい）斜めになった小道。

斜度（しゃど）斜面の角度。
「平均—」

斜面（しゃめん）傾斜した面。
「山の—」

峻坂（しゅんはん）けわしい坂。
「草にうずもれた—」

岨道（そばみち）けわしい坂。傾斜の急な山道。
「山頂まで続く—に、一瞬たりとも気が抜けない」

だらだら坂（だらだらざか）長くゆるやかにつづく坂。
「家から学校までは—が続く」

九十九折（つづらおり）くねくねと何回も折れ曲がった坂道。**葛折**とも書く。
「奥日光までは—の道だ」

爪先上がり（つまさきあがり） 少しずつ上りになっていること。
つまあがり。
「—の坂道」

爪先下がり（つまさきさがり） 少しずつ下りになっていること。
つまさがり。

峠（とうげ） 山道の坂を上り詰めて、下りになるところ。
「—の茶屋」
＊「手向け」の転。通行者が安全を祈って道祖神に手向けをすることから。

登坂（とうはん） 車両が坂道をのぼること。
「—車線」

胸突き八丁（むなつきはっちょう） 急斜面の長い坂道。
＊もと、富士山頂上までの八丁（872メートル）のけわしい道。

山坂（やまさか） 山と坂。また、山の中の坂。
「—を越えて進む」

黄泉平坂（よもつひらさか） 現世と黄泉の国との境にある坂。

慣用句など

兎の登り坂（うさぎののぼりざか） 兎は坂をのぼるのが得意で速いところから、ものごとがよい条件のために早く進むことのたとえ。

牛の登り坂（うしののぼりざか） 平地では遅い牛も、のぼり坂には強いところから、のぼることの巧みなたとえ。また、速く越えることのたとえ。

老いの坂（おいのさか） 年が積もって老年になるのを、坂道をのぼるのにたとえていう。

外法の下り坂（げほうのくだりざか） 妖術は一度破れると破滅してしまうというところから、一度失敗すると取り返しのつかないこと。

恋の坂（こいのさか） 恋の思いの高まりを坂にたとえていう。

心の山坂（こころのやまざか） 心を労することを山坂の難所にたとえていう。

坂に車（さかにくるま） 車を引いて坂を上り下りするところから、油断するとあとにもどってしまうこと、また、勢いづいて止まらないこと。

千代の坂（ちよのさか） 年齢を積み重ねることを坂を上るのにたとえていう語。

年の坂（としのさか） 年の暮れ。年末。「年を越す」というところから、年を坂にたとえた言葉。

山見えぬ坂を言う（やまみえぬさかをいう） 見通しが立たないのに、先走った推測で悲しんだり喜んだりする。

その他の表現

スロープ・ピーク
心臓破り

野原

→ 土／草

基本の表現
[野原・野・原・原っぱ・草原・高原・
雪原・砂漠・湿原・湿地・平野・盆地]

野原にあるもの・生えているもの

浅茅が原（あさぢがはら） チガヤが一面に生えた野原。

葦原（あしはら） 葦の多く生えた原。「一が広がる河川敷」

石原（いしはら） 小石が多くある平地。

荻原（おぎはら） オギが一面に生えた原。

御花畑（おはなばたけ） 高山植物が群生し、夏に一斉に開花する場所。[夏]

茅野（かやの） カヤの生えた原。類茅原

草地（くさち） 草の生えている土地。「森陰の一」

葛原（くずはら） 葛の生えている原。

笹原（ささはら） ササが一面に生えた原。「一の上を風が吹き渡る」

紫野（しの） 染料となる紫草を栽培している野。

篠原（しのはら） 篠竹の生えた原。

芝原（しばはら） 芝の生えている野。類芝野「手入れの行き届いた一」

菅原（すがはら） スゲの生えている原。

杉原（すぎはら） 杉の生えている原。

砂原（すなはら） 砂ばかりの平原。「白い一が一望できる」

花原（はなはら） 花が咲いている野原。

檜原（ひばら） ヒノキの林。

氷原（ひょうげん） 厚い氷で覆われた地域。「一の上で野営する」

松原（まつばら） 松が多く生えたところ。「一越しに聞こえてくる波の音」

葎生（むぐらふ） ムグラが生えていること。また、その場所。

藪原（やぶはら） 藪になっている野原。

雪野原（ゆきのはら） 雪におおわれたひろびろとした平地。「冬は一面の一となる」

蓬生（よもぎう） ヨモギなどが生い茂って荒れ果てた土地。

緑野（りょくや） 草木の茂った野原。

季節の野原

秋野（あきの） 秋の野原。「一の虫の声」

秋郊 _{しゅうこう} 秋の野原。[秋]
「—を散策する」

春郊 _{しゅんこう} 春の郊外。春の野辺。[春]
「—の木々が芽吹き始めた」

夏野 _{なつの} 夏草の茂る野原。[夏]
「絶えず人いこふ—の石一つ(正岡子規)」

野火 _{のび} 春先に野原や土手などの枯れ草を焼く火。野焼きの火。[春]

野焼き _{のやき} 草の芽がよく出るように、早春、野を焼くこと。[春]

花野 _{はなの} 花の咲いている野原。特に、秋草の咲き乱れている野。[秋]

春野 _{はるの} 春の野原。類**春の野**
「草木萌える—を行く」

冬枯原 _{ふゆがれはら} 冬、草木の枯れてしまった原。

冬野 _{ふゆの} 冬の野原。[冬]
「荒涼とした—」

焼け野 _{やけの} 野焼きの後の野原。[春]

焼け野原 _{やけのはら} 焼け野。また、火災で荒れ果てたところ。

野原いろいろ

小野 _{おの} 野。野原。
*「お」は接頭語。

陰野 _{かげの} 山陰意の野。
「—に解け残る雪」

河川敷 _{かせんしき} 河岸の敷地。

雲の原 _{くものはら} 雲のたなびく大空を野原に見立てていう語。

郊原 _{こうげん} 野原。

荒原 _{こうげん} 荒れた野原。類**荒野**

広原 _{こうげん} 広い野原。類**広野**_{こうや}

郊野 _{こうや} 郊外の野原。

裾野 _{すその} 山麓の緩やかな傾斜面。
「新緑に染まる富士の—」

田野 _{でんや} 田畑と野原。また、田舎。

凍原 _{とうげん} ツンドラ。
「シベリアの—」

野末 _{のずえ} 野の外れ。
「深い霧が—に立ち込める」

野面 _{のづら} 野のおもて。
「—を吹く風」

野中 _{のなか} 野原の中。

野畑 _{のはた} 野と畑。

野辺 _{のべ} 野原。また、埋葬場。
「—の草花を手折る」

野良 _{のら} 野原。また、田畑。
「—仕事」

平原 _{へいげん} 平らで広々とした野原。
「見渡す限り緑の—」

牧野 _{ぼくや} 放牧のための野原。

沃野 _{よくや} 地味の肥えた、作物のよくできる平野。
「—千里」

その他の表現

フィールド・プレーン・ツンドラ

81

森・林

→ 野原／山／木・枝／草／花

基本の表現 ［ 林・森・森林・藪・茂み・木立・山林 ］

自然の森林

陰森（いんしん） 樹木が茂り日をさえぎって暗いさま。
「昼でも一として薄暗い」

海岸林（かいがんりん） 塩分の多い海岸の砂地・岩石地などに発達する林。

寒林（かんりん） 冬枯れの林。[冬]

空林（くうりん） 人けがなく、ひっそりした林。

原生林（げんせいりん） 人の手の加わっていない自然のままの森林。類原始林

紅樹林（こうじゅりん） マングローブ。

故林（こりん） ①古いはやし。
②もと住んだ林。

笹藪（ささやぶ） 一面に笹が生い茂っているところ。
「一から鳥が飛び立つ」

樹海（じゅかい） 広大な範囲に繁茂する森林。
「生態系を調査するために一に分け入る」

樹林（じゅりん） 樹木が密生しているところ。
「針葉一の多い地域」

松林（しょうりん） 松の林。

森々（しんしん） 樹木が盛んに茂っているさま。また、高くそびえたつさま。
「巨木が一と生い茂る」

森然（しんぜん） ①こんもり茂っているさま。
②おごそかなさま。

深林（しんりん） 奥深い林。

雑木林（ぞうきばやし） いろいろな種類の木がいりまじって生えている林。

叢林（そうりん） 樹木が群がって生えた林。

霜林（そうりん） 霜にあって、葉の色づいた林。
「一に吹きすさぶ寒風」

蒼林（そうりん） 青々とした林。
「一に覆われた山」

疎林（そりん） 木がまばらに生えている林。
「海岸沿いの松の一を潮風が吹き抜ける」

竹林（ちくりん） 竹が生い茂る林。
「一の七賢に倣う」

天然林（てんねんりん） 自然に生成した森林。

夏木立（なつこだち） 夏の、茂った木立。[夏]
「鬱蒼と茂る一」

冬木立（ふゆこだち） 冬枯れした木立。
「紺碧（こんぺき）の空を背景に屹立（きつりつ）する一」

82

密林（みつりん）木や草が隙間なく生い茂った林。ジャングル。

茂林（もりん）木のよく茂った林。

緑林（りょくりん）①緑の色深い林。「―の爽やかな香り」②盗賊。

林野（りんや）森林と野原。「―をおおう深雪」

人と森林

魚付林（うおつきばやし）魚類を集め、またその繁殖・保護をはかる目的で設けた海岸林。森林が魚類の好む暗所をつくり、土砂の流入を抑える。

園林（えんりん）庭園の中にある林。また、庭園と林。

御林（おはやし）江戸幕府の直轄林。

杏林（きょうりん）①アンズの林。②医者の美称。

＊中国・廬山ざんの仙人董奉とうほうが、人を治療しても礼金を取らず、治った者に記念としてアンズの木を植えさせたところ、アンズの林ができたという故事から。

桂林（けいりん）①カツラの林。美しい林。②文人の仲間。

砂防林（さぼうりん）風による砂の移動を防ぐために植える林。「江戸時代に植林された―」

植林（しょくりん）山野に苗木を植えること。[春]

人工林（じんこうりん）人工的に育成した森林。

森林浴（しんりんよく）清浄な空気にひたり、精神的な安らぎを得るために森林中に入ること。

檀林（だんりん）僧徒が学問・修行をする所。また、寺院。
＊「栴檀林せんだんりん」の略。栴檀は仏や仏弟子のたとえ。

梅林（ばいりん）梅の林。[春]「春浅き頃、紀州の―を訪れる」

防風林（ぼうふうりん）風害を防ぐために設けた林。

預林（よりん）江戸時代、領主の支配下にあり、藩士などに管理保護を委託した山林。

林道（りんどう）森や林の中の道。「―の両側にはたくさんの花が咲いている」

その他の表現

公有林・国有林・私有林・保安林・防雪林

照葉樹林・針葉樹林・熱帯雨林・多雨林

ざわざわ・ぼうぼう・亭々・こんもり

ジャングル・フォレスト・マングローブ

地

森・林

83

山

→森・林／木・枝／島

基本の表現
[
山・野山・頂・山頂・頂上・
中腹・麓・丘・小山・山地
]

山の部分

尾根（おね）　山の稜線。
「―伝いに歩く」

尾の上（おのえ）　山頂。
「―の松」

火口（かこう）　火山の噴火口。
「―の底に溶岩が見える」

山腹（さんぷく）　山頂と山麓との間の部分。
「―にトンネルを掘る」

山稜（さんりょう）　山の尾根。
「二山の間の―を縦走する」

山嶺（さんれい）　山のみね。
「―は霧に包まれていた」

山麓（さんろく）　山のふもと。
「浅間―／―の温泉地」

峻峰（しゅんぽう）　高くけわしい峰。峻嶺。
「南アルプスの―」

峠（とうげ）　山道を登りつめて、それを過ぎれば下りになるという所。
「碓氷―／―の茶屋」

塙（はなわ）　山などの突き出した所。また、小高く盛り上がった所。

分水嶺（ぶんすいれい）　雨水を異なった水系に分かつ山の峰々。

峰（みね）　山の頂。一番高いところ。**嶺**とも書く。
「―から―へと歩く」

山足（やまあし）　①山のふもと。
②スキーで山側にある足。

山裾（やますそ）　山のふもと。
「―の道を歩く」

稜線（りょうせん）　山の峰と峰を結んで続く線。尾根。**類**山の端
「―の向こうに沈む夕日」

人と山

石山（いしやま）　①岩石が露出した山。
②石材を切り出す山。

不入山（いらずやま）　入ると出られなくなるといい、行くことを忌む山。

御立山（おたてやま）　林木を保護するために伐木や狩猟を禁じた山。

御手山（おてやま）　江戸時代、幕府・諸藩が管理する山・鉱山。

金山（かなやま）　鉱山。
＊金山（きんざん）は金を産出する鉱山。

神山（かみやま）　神が鎮座する山。

銀山（ぎんざん）　銀を産出する鉱山。

地先山（じさきやま）　村落や住居に近い山。

死出の山（しでのやま）　死後に行く冥土にあるという山。

須弥山 しゅみせん 仏教で、世界の中央にそびえるという山。

炭山 すみやま 石炭の出る山。

杣山 そまやま 木材とするための樹木を植えてある山。

泰山 たいざん ①中国山東省の中央部に位置する名山。
②高い山。

立て山 たてやま 狩猟や伐採が禁じられた山。

手向け山 たむけやま 手向けの神をまつってある山。

炭鉱 たんこう 石炭を採掘する鉱山。

築山 つきやま 庭園などに土砂または岩石でつくった小山。
「池の周囲に一を配する」

鉄山 てつざん 鉄鉱を産出する山。

天王山 てんのうざん ①京都府南部、大山崎町にある山。
②勝負を決する大事な場面や時。
＊1582年の山崎の戦いでこの山を先に占領した豊臣秀吉軍が明智光秀軍を撃破したことから。

銅山 どうざん 銅鉱を産出する山。また、銅鉱を掘り、精錬している所。

外山 とやま 人里に近い端の山。圞端山はやま
「一のかすみ」

針の山 はりのやま 地獄にあるという、一面に針の植えてある山。

蓬萊山 ほうらいさん 中国の伝説で、東海にあって仙人がすむという山。
圞亀の上の山

ぼた山 ぼたやま 炭鉱で、ぼた(不要な岩石や質の悪い石炭塊)を捨ててできた山。

霊山 れいざん 神仏などをまつってある神聖な山。圞霊峰れいほう

地
山

高い山

大山 おおやま 大きな山。たいざんともいう。

岳 がく ①高く大きい山。
②山の頂上。

巨峰 きょほう 大きな山。
「世界の一を登り歩く」

険山 けんざん けわしい山。
「一難路」

嶮嶺 けんれい 高く険しい峰。

高山 こうざん 高い山。圞高岳こうがく
「一に咲く美しい花々」

高峰 こうほう 高くそびえているみね。たかね。

高嶺 こうれい 高い峰。高い山のいただき。
「富士の一」

最高峰 さいこうほう ある地方や山脈の中で最も高い山。
「世界一のエベレスト」

山岳 さんがく やま。特に、高く険しい山々。
「一地帯」

峻岳 しゅんがく 高くけわしい山。
「一高峰」

峻嶺 しゅんれい 高くそびえる山。
「モンブランの一」

名山 めいざん 姿が美しく立派な風格の山。
「日本の一富士」

美しい山

青山（あおやま） 樹木が茂って、青々とした山。

一髪寸碧（いっぱつすんぺき） 一本の髪の毛のように遠くかすかに見える青い山。

煙嶂（えんしょう） 雲や霞のかかった峰。

銀嶺（ぎんれい） 雪が積もって銀色に輝く峰。「—に輝く日光」

雲山（くもやま） 雲のかかっている山。

山紫水明（さんしすいめい） 山は紫にかすみ、川は澄み切っていること。「—の地として知られる」

山水（さんすい） 山と川。また、自然の景色。「—画」

山川（さんせん） 山と川。自然の景色。「—草木」

秀峰（しゅうほう） 形の美しい山。「—として名高い榛名山」

翠黛（すいたい） ①みどりのまゆずみ（を施した美しいまゆ）。②緑にかすむ山のたとえ。

翠巒（すいらん） みどりの山。みどり色の連山。「筑波の—が一望できる」

青山一髪（せいざんいっぱつ） 遠くの青い山が青い空と接するさまを髪の毛にたとえた語。

青峰（せいほう） 青々とした峰。

雪山（せつざん） 雪の積もった山。**ゆきやま**ともいう。

雪嶺（せつれい） 雪をいただいた高山。

山笑う（やまわらう） 春の若芽の新緑や花などによって山全体がもえるように明るくなる。[春]

山いろいろ

裏山（うらやま） ①家の裏手の山。②山の日当たりの悪い側。

浦山（うらやま） 海辺と山。また、海辺の山。

遠山（えんざん） 遠くの山。**とおやま**ともいう。

奥山（おくやま） 人里離れた山。奥深い山。「秩父の—」

片山（かたやま） 一方が崖になっている山。

空山（くうざん） 人けのない山。

寒山（かんざん） 冬の、草木の枯れたものさびしい山。

休火山（きゅうかざん） かつて、長く噴火していない火山をいった語。

丘陵（きゅうりょう） あまり高くない山。なだらかな小山が、次々に続いている所。

群山（ぐんざん） 多くの山々。重なり、連なる山々。

高原（こうげん） 海抜高度が高い平原。起伏が小さい高地。

高地（こうち） 周囲よりも高い土地。また、海抜の高い地域。

砂丘（さきゅう） 風で運ばれた砂が堆積してできた丘。

狭山（さやま） 小さい山。

山塊（さんかい） 山々が群がり集まって一かたまりになっているもの。また、周

囲を断層で限られた山地。

山海 さんかい
「―の珍味」

山間 さんかん
山の中。山あいの地域。
「―僻地」

山峡 さんきょう
両側に山のせまった狭い谷間。
「―の地」

山系 さんけい
一つの系統をなしている山脈群。

山川万里 さんせんばんり
山川を隔てて遠く離れていること。

山巓 さんてん
山頂。

山脈 さんみゃく
山々が長く連なって帯状に延びる山地。
「奥羽―」

山野 さんや
山と野原。のやま。
「―を駆け巡る」

山容 さんよう
山のかたち。山の姿。
「険しい―を望む」

山陵 さんりょう
①山と丘。
②天皇・皇后などの墓。

死火山 しかざん
かつて、噴火した記録のない火山をいった語。

柴山 しばやま
小さな雑木の生えている山。

芝山 しばやま
芝でおおわれている小山。
「小高い―」

主峰 しゅほう
山脈などのなかで最も主だった山。
「中央アルプスの一木曽駒ヶ岳」

深山 しんざん
奥深い山。みやまともいう。
「―幽谷ゆうこく」

砂山 すなやま
砂が積もってできた山。
「浜辺の―」

全山 ぜんざん
ある山全体。ある地域のすべての山。ある寺全体。

千山万水 せんざんばんすい
多くの山と多くの川。

台地 だいち
表面が平坦で周囲より一段高い地形。

高台 たかだい
周囲より小高く平らな土地。
「見晴らしのよい―」

段丘 だんきゅう
海岸や河岸にみられる階段状の地形。

禿げ山 はげやま
木や草の生えていない、地肌が露出している山。

松山 まつやま
松の生い茂る山。

満山 まんざん
①山全体。
②寺全体。

山崩れ やまくずれ
山腹が崩れ落ちること。豪雨・地震・火山爆発や山腹工事などによって起きる。

山並み やまなみ
山の連なり並んでいること。また、その並んでいる山々。
「美しい―を望む」

山眠る やまねむる
冬の山の静まりかえった様子。[冬]

連峰 れんぽう
山のみねがいくつも続いているもの。つらなり続いた山々。みねみね。連山。
「朝日―」

その他の表現

岩山・火山・鉱山
春山・夏山・秋山・冬山
マウンテン・ヒル・ピーク

87

木・枝

→ 森・林／草／花

基本の表現 [木・木々・草木・樹木・大木・
枝・小枝・植木・木材]

いろいろな木

一木 いちぼく 一本の木。
「一造り」

花陰 かいん 花の下のかげの所。

花樹 かじゅ 花の咲く樹木。
「一の多い公園」

花木 かぼく ①花と木。
②花の咲く木。

枯れ木 かれき ①枯れた木。
②冬に葉の落ちた木。[冬]

灌木 かんぼく 低木。
「一の茂みにうっかり踏み込む」

木竹 きたけ ①木と竹。
②木や竹のように感情のない
もの。

木の芽 きのめ ①春先に木に萌え出た芽。[春]
②山椒の芽。[春]

木振り きぶり 木の幹や枝の様子。
「骨張った一」

喬木 きょうぼく 高木。
「一の林を抜けると池がある」

玉樹 ぎょくじゅ 美しい木。
「自慢の一を枯らしてしまった」

巨木 きょぼく 大きな木。 類巨樹
「一信仰」

下闇 くだりやみ 木が生い茂って日光が遮られ
るためにほの暗いこと。[夏]

朽ち木 くちき 枯れてくさった木。
「一に集まる虫」

高木 こうぼく 丈の高い木。
「落葉一」

広葉樹 こうようじゅ 幅の広い葉をつける樹木。

木隠れ こがくれ 木と木の陰に隠れて、全
体がはっきり見えないこと。

木陰 こかげ 木のかげ。
「一で一休みする」

小柴 こしば 小さい柴。
「一垣」

孤樹 こじゅ たった一本だけ立っている木。
「松の一」

木の下闇 このしたやみ 木が茂ってその木陰が
暗いこと。

古木 こぼく 長い年月を経た立ち木。
「樹齢千年を超える一」

木叢 こむら むらがり生えている木。

雑木 ざつぼく いろいろな種類の木。また、
良い材にならない樹木類。ぞ
うきともいう。

繁木 しげき 生い茂った木。
「高い一に覆われ暗い」

樹下（じゅか）木の下。
「―石上」

松柏（しょうはく）①マツとヒノキの類。
②操を守るたとえ。
「―の操」

常緑樹（じょうりょくじゅ）一年以上枯れない葉をもつ樹木。対落葉樹

新樹（しんじゅ）初夏、みずみずしい若葉が芽吹いた樹木。[夏]

針葉樹（しんようじゅ）針のように細長い葉をつける樹木。

成木（せいぼく）生長した樹木。
「イチョウの―」

大樹（たいじゅ）大きな木。
「寄らば―の陰〔=頼るなら勢力の大きなものがよい〕」

立ち木（たちき）地面に生えている木。
「ナラの―」

珍木（ちんぼく）珍しい木。

低木（ていぼく）丈の低い樹木。
「―の茂みに隠れる」

倒木（とうぼく）倒れている木。
「―が行く手を阻む」

常磐木（ときわぎ）葉が一年中緑色を保つ樹木。常緑樹。

春樹（はるき）①春に花を咲かせる木。
②若芽をつけた春の木。

蘖（ひこばえ）樹木の切り株や根元から群がり生える若芽。[春]
＊「孫ひ生え」の意。

風樹（ふうじゅ）風に吹かれてそよぐ木。類風木

節（ふし）木の枝のつけ根の所。
「―を生かした無垢材」

冬木（ふゆき）冬枯れの木。[冬]
「―の林に雪が舞う」

深山木（みやまぎ）奥深い山に生えている木。

女木（めぎ）①雌雄異株の植物で、雌花をつける木。
②木材の継ぎ手で凹状のくぼみのある方。

捥ぎ木（もぎき）①枝をもぎとった木。②枯れて枝のない木。

木本（もくほん）木質の茎をもつ植物。対草本

百木（ももき）多くの木。

宿り木（やどりぎ）他の木に寄生する木。

落葉樹（らくようじゅ）秋に葉を落とす木。対常緑樹

流木（りゅうぼく）①川や海の水に流され漂う木。
②山から切り出し、川で下流へ流し下す材木。

緑樹（りょくじゅ）青葉の茂った木。
「青々とした―」

老木（ろうぼく）長い年数を経た木。類老樹
「立派な―の多い神社」

若木（わかき）芽を出してからあまり年を経ていない木。

人と木

秋樵（あきごり）秋に薪用に木を伐採すること。対春樵

梅根性（うめこんじょう）しつこくて、なかなか変えがたい性質。
＊梅はなかなか酸味を失わないところから。

埋もれ木　う・ぎ　長く水中や土中に埋もれた木が完全には炭化せず、まだ木質を残しているもの。木目が美しく堅いため細工物の材料とする。

街路樹　がい・ろ・じゅ　街路に沿って列植された樹木。

柿根性　かき・こん・じょう　変わりやすく、融通のきく性質。
＊渋い柿がすぐ甘くなることから。

果樹　か・じゅ　食用にする果実のなる樹木。「―園」

香木　こう・ぼく　よいかおりのする木。「白檀は―の一種だ」

木の下道　こ・の・した・みち　茂った木の下の道。

材木　ざい・もく　建築物や家具などをつくる材料とする木。

榊　さかき　昔から神木として枝葉を神に供える常緑小高木。
＊語源は「栄える木」とも「境の木」ともいう。

柴　しば　山野に自生する小さい雑木。また、薪などにするためにその枝を刈り取ったもの。

白木　しら・き　皮を削っただけで、何も塗っていない、地のままの木。

神木　しん・ぼく　神社の境内にあり大切にされている木。 類霊木

素木　そ・ぼく　着色などしない木。しらき。

台木　だい・ぎ　①接ぎ木の台にする木。②物の台にする木。

薪　たきぎ　かまど・炉などで燃料にする細い枝や木。

接ぎ木　つ・ぎ・き　木の枝・芽を切り取って他の木の幹や枝に接ぎ合わせること。

苗木　なえ・ぎ　樹木の苗。「―市」

生木　なま・き　①地に生えている樹木。②切ったばかりで十分に乾いていない木。

並木　なみ・き　道路の両側などに、一定間隔で並べ植えられた樹木。

庭木　にわ・き　庭に植える樹木。「―に適さない樹木」

盆栽　ぼん・さい　観賞用に育てた、鉢植えの草木。

真木　ま・き　①イヌマキ・コウヤマキの別名。②木材としてすぐれたスギやヒノキの総称。

丸木　まる・き　切ったままで、削ったり磨いたりしていない木材。

丸太　まる・た　皮をはいだだけの丸い木材。「―小屋」

名木　めい・ぼく　由緒があって名高い木。また、すぐれた香木。

銘木　めい・ぼく　形・木目・材質に趣のある木材。「―店」

用材　よう・ざい　土木・家具などに用いる材木。

霊木　れい・ぼく　神仏が宿るという神聖な木。 類神木

枝

五百枝　い・お・え　多くの枝。

一朶　いち・だ　花のついたひと枝。また、ひとかたまり。

上枝（うわえだ）木の上の方の枝。**ほつえ**ともいう。

枝変わり（えだがわり）突然変異により、植物の枝・葉・花などが母体と全く違う形質を表わす現象。

枝葉（えだは）①木の枝と葉。②本筋から離れた部分。**しよう**とも。

枝張り（えだはり）樹木の枝の広がり具合。

枝振り（えだぶり）枝の伸びたありさま。「―のいい松」

折り枝（おりえだ）折った木の枝。「梅の―を添える」

枯れ枝（かれえだ）①枯れた木の枝。②葉の枯れ落ちた枝。

梢（こずえ）木の幹や枝の先端のほう。＊「木の末」の意。

木末（こぬれ）木の末。こずえ。

枝条（しじょう）木の枝。

下枝（したえだ）下の方の枝。**しずえ**ともいう。「―を落とす」

枝末（しまつ）枝の先。

樹枝（じゅし）木のえだ。「庭木の―を刈って形を整える」

条枝（じょうし）木の枝。

翠蓋（すいがい）みどり色のかさ。葉の茂った木の枝をたとえていう。**すいかい**ともいう。

楚（すわえ）細く長くのびた枝。**すえだ・すばえ**ともいう。

千朶（せんだ）多くの花のついた枝。

粗朶（そだ）切り取った木の枝。薪などに用いる。

千枝（ちえ）たくさんの枝分かれした枝。

作り枝（つくりえだ）①金銀などで草木の枝の形に作ったもの。②いろいろな形に作った枝。

爪木（つまき）たきぎにするために折り取った細い枝。

徒長枝（とちょうし）剪定した付近から、直立して出る発育のよい枝。花芽をつけず樹形を乱すことから、普通は切り落とす。

流枝（ながしえ）生け花で、横に長く出した形の枝。

中つ枝（なかつえ）中間の高さにある枝。

万朶（ばんだ）（花のついた）多くの枝。「―の桜」

松葉（まつば）松の木の葉。

瑞枝（みずえ）みずみずしい若枝。「ヤナギの―」

百枝（ももえ）たくさんの繁茂した枝。

柳の糸（やなぎのいと）柳の細い枝を糸に見立てていう語。

若枝（わかえだ）若い枝。**わかえ**ともいう。「勢いよく伸びる―」

その他の表現

ウッド・ツリー・クリスマスツリー・ブッシュ・ブランチ

91

鳥

→ 空／木・枝

地
🌳
鳥

基本の表現 〔 鳥（とり）・鳥類（ちょうるい）・小鳥（ことり）・野鳥（やちょう）・渡り鳥（わたりどり）・鶏（にわとり） 〕

鳥

朝鳥（あさどり） 朝、ねぐらから飛び立つ鳥。また、朝鳴く鳥。

色鳥（いろどり） 秋に渡って来るいろいろの小鳥。[秋]

浮かれ鳥（うかれどり） ①夜が明けないのに浮かれたように鳴く鶏。
②夜、ねぐらを離れて浮かれ飛ぶ鳥。

歌詠み鳥（うたよみどり） ウグイスの異名。

善知鳥（うとう） 海鳥の一種。

海鳥（うみどり） 海岸や島にすみ、魚を捕食する鳥の総称。

益鳥（えきちょう） 人間の生活に役立つ鳥。対**害鳥**

囮（おとり） ①鳥や獣を誘い寄せるために使う、飼い慣らしてある鳥や獣。[秋]
②人を誘い寄せるために使う人や物。

雄鳥（おどり） おすの鳥。おんどり。「キジの—を見つけた」

親鳥（おやどり） 親である鳥。「—が餌を運んでくる」

雄鶏（おんどり） おすのニワトリ。

害鳥（がいちょう） 農作物などに害をもたらす鳥。対**益鳥**

飼い鳥（かいどり） （野鳥に対して）家で飼っている鳥。

家禽（かきん） 家畜として飼育される鳥。「—に飼料をやる」

橿鳥（かしどり） カケスの異称。**樫鳥**とも書く。

唐鳥（からとり） 外国産の鳥。

川千鳥（かわちどり） 川辺に集って飛ぶチドリ。

寒禽（かんきん） 山野・川・海などで厳しい冬の中を生きている鳥。[冬]

閑古鳥（かんこどり） かっこう。[夏]

奇禽（ききん） 珍しい鳥。

窮鳥（きゅうちょう） 追い詰められ、逃げ場を失った鳥。「—懐に入る」

禽鳥（きんちょう） 鳥。鳥類。＊「禽」も「とり」の意。

禁鳥（きんちょう） 捕獲が禁じられている鳥。

雲鳥（くもどり） 雲の中を飛ぶ鳥。

黒鳥（くろどり） 羽の黒い鳥。

群鳥（ぐんちょう）群がっている鳥。「—のさえずり」

候鳥（こうちょう）毎年一定の季節に姿を見せる鳥。

坂鳥（さかどり）朝早く山の坂を越えて飛んでいく鳥。［秋］

小夜鳴き鳥（さよなきどり）ナイチンゲールの美称。

霜の鶴（しものつる）鶴の羽の白いのを霜に例えた語。

軍鶏（しゃも）ニワトリの一品種。**ぐんけい**とも。

宿鳥（しゅくちょう）ねぐらで眠っている鳥。

渉禽（しょうきん）くちばし・首・脚が長く、浅い水中を歩いて餌を求める鳥。

小禽（しょうきん）小鳥。

白鳥（しらとり）白い鳥。また、ハクチョウの異名。

水禽（すいきん）水辺で生活する鳥の総称。「—類」

走禽（そうきん）飛べないが、走ることに優れた鳥。

旅鳥（たびどり）渡りの途中、ある地域に姿を見せて一時期生活する鳥。

千鳥（ちどり）①チドリ目チドリ科の鳥の総称。［冬］
②多くの鳥。

珍鳥（ちんちょう）めずらしい鳥。類珍禽

番い鳥（つがいどり）雌雄がいつも一緒にいる鳥。

啼鳥（ていちょう）鳴く鳥。

友千鳥（ともちどり）群れを成して飛んでいるチドリ。

寝鳥（ねとり）ねぐらに寝ている鳥。

放ち鳥（はなちどり）①飛べないようにして放し飼いにしてある鳥。
②追善のために鳥を籠から放してやること。

浜千鳥（はまちどり）浜辺にいるチドリ。

春告げ鳥（はるつげどり）ウグイスの異名。

飛鳥（ひちょう）空飛ぶ鳥。類飛禽（ひきん）「—のごとき早業」

雛（ひな）①卵からかえったばかりの鳥。類 雛鳥（ひなどり）「ニワトリの—がかえる」
②ひな人形。

漂鳥（ひょうちょう）一地方内で越冬地と繁殖地を異にして、小規模な渡りをする鳥類。

文鳥（ぶんちょう）スズメに似た小鳥。

保護鳥（ほごちょう）捕獲が禁止されている鳥。「—は捕獲を禁じられている」

水鳥（みずどり）水辺にすむ鳥。「水面に羽を休める—の群れ」

深山鳥（みやまどり）深山に住む鳥。

鳴禽（めいきん）美しい声で鳴く鳥。

迷鳥（めいちょう）台風などで正常な渡りの経路をはずれた鳥。「国内ではまれな—が飛来した」

雌鳥
めす
めすの鳥。**めどり**ともいう。

雌鶏
めん どり
めすのニワトリ。
「―が毎日卵を産む」

猛禽
もう きん
肉食で性質の荒々しい鳥。類 猛鳥

百千鳥
もも ち どり
①多くの小鳥。いろいろの鳥。[春]
②チドリ、ウグイスの別名。

夜禽
や きん
夜間に活動する鳥。
「―の鳴き声が闇に響いた」

野禽
や きん
野原や山にすむ鳥。

山鳥
やま どり
①山にすむ鳥。
②日本特産で山にすむキジ科の鳥。[春]
「―の長い尾」

游禽
ゆう きん
水面に浮かんで餌をさがす鳥類の総称。カモなど。

幽鳥
ゆう ちょう
奥深いところにすむ鳥。

洋禽
よう きん
西洋産の家禽。

陸鳥
りく ちょう
主に陸上で生活している鳥。

留鳥
りゅう ちょう
季節による移動をしない鳥の総称。

良禽
りょう きん
よい鳥。
「―は木を選ぶ〔＝賢い臣下は仕える君主を選ぶ〕」

瑠璃鳥
る り ちょう
コルリとオオルリの総称。

籠鳥
ろう ちょう
かごに飼われている鳥。類籠禽ろうきん

不思議な鳥・想像上の鳥

青い鳥
あお とり
身近にあるのに気付かない幸福のたとえ。
＊メーテルリンクの戯曲から。

怪鳥
かい ちょう
怪しい鳥。**けちょう**ともいう。
「鵺ぬという―」

始祖鳥
し そ ちょう
鳥類の祖先の一種と考えられる化石動物。

瑞鳥
ずい ちょう
めでたい鳥。

仙禽
せん きん
仙界にすむ鳥。また、鶴の異名。

不死鳥
ふ し ちょう
フェニックス。
「―のごとくよみがえった」

鳳凰
ほう おう
想像上の瑞鳥。

鳳雛
ほう すう
鳳凰の雛。また、優れた若者。
「麟子―」

霊鳥
れい ちょう
神聖で不思議な鳥。類霊禽れいきん

その他の表現

フェニックス・バード・チキン
チュンチュン・ピヨピヨ・コケ
コッコー

94

草

→ 土／野原／木・枝／花

基本の表現
[草・草木・草花・雑草・
芝生・牧草・草地]

地
草

青草 青々とした草。飼い葉のうち、生のもの。

秋草 秋に花の咲く草の総称。

茨 とげのある小木の総称。棘・荊とも書く。

浮草 水田や池などに浮かんで生える草の総称。
「―のような生活を送る」

越年草 秋に発芽して冬を越し、翌春から夏に花が咲く草。
越年生植物。園**二年草**

小草 草。小さい草。

海藻 海中に生える藻類。アオサ・コンブ・ワカメなど。

海草 海中に生育する種子植物。アマモなど。

花卉 花の咲く草。
「―園芸」
＊「卉」は草の意。

嘉卉 美しい草木。
「海内の―を集めた名園」

壁草 壁土に混ぜる草。

茅 屋根をふくのに用いる草の総称。萱とも書く。[秋]

枯れ草 ①枯れた草。[冬]
「―を刈り取る」
②干し草。

乾草 かわかした草。

甘草 根を漢方薬に使う草。あまくさともいう。
「―の丸呑み〔＝物事の本当の意味をわかろうとしないたとえ〕」

草垣 生い茂って垣のようになった草。

草隠れ ①草に隠れること。
②草深い人里離れたところ。

草枯れ 冬になって草が枯れること。[冬]

草深 草が深く生い茂っているさま。

草筵 ①草や藁を編んで作った筵。
②草が筵を敷いたように一面に生えていること。

草萌え 春になって草の芽が萌え出ること。[春]

草紅葉 秋に草が色づくこと。[秋]

勁草 ①風などに負けない強い草。
②節操・思想の堅固なたとえ。

95

＊後漢の光武帝が、家臣の王覇に「古くからの家来で残っているのはそなただけだ。強い風が吹いて初めて丈夫な草が分かる（疾風に勁草を知る）」と言った故事から。

香草 こうそう よい匂いのする草。また、ハーブ。

「鶏もも肉の一焼き」

苔 こけ 岩石などにへばりつくように生える、たけの低い植物。

＊木毛の意という。

細草 さいそう 小さな雑草。 ＊「細草」は葦の異名。

山草 さんそう 山地に生える草。

「岩に咲く一」

山野草 さんやそう 野や山に自生する草花。

「一をめぐるハイキング」

下草 したくさ 木陰、特に森林に群生している雑草。

芝 しば 野原に自生するイネ科の多年草。

「一刈り」

芝草 しばくさ 芝。

「一の上に座る」

霜枯れ しもがれ 霜のために草木が枯れしぼむこと。〔冬〕

霜の剣 しものつるぎ 霜が草木を枯らすことを剣にたとえていう語。

宿根草 しゅっこんそう 冬に地上部だけが枯死する草。類**多年草**

春草 しゅんそう 春に萌え出た、みずみずしい草。〔春〕

「池塘一の夢〔＝青春時代の楽しみ、そのはかなさ〕」

水草 すいそう 淡水中または湿地に生える草。みずくさともいう。

「一の陰に魚が隠れている」

瑞草 ずいそう めでたい草。

捨草 すてぐさ 抜き捨てられた草。

生草 せいそう 刈り取ったままで、水分の多い草。

草原 そうげん 草の茂っている野原。

草沢 そうたく 草原と湿地。

草本 そうほん 植物の地上に出ている部分が軟らかいものの総称。

高草 たかくさ 高く伸びた草。

多年草 たねんそう 2年以上生育する草。類**宿根草**

田の草 たのくさ 田に生えた雑草。

「一取り」

煙草 たばこ ①タバコ。ナス科の多年草（日本では一年草）。葉にニコチンを含む。乾燥させて喫煙用に加工したり、煎じて殺虫剤にしたりする。
②喫煙用に①を加工した嗜好品。

千草 ちぐさ いろいろな秋の草。ちぐさともいう。〔秋〕

蔓草 つるくさ つる状に伸びる草。

「外壁を覆う一」

汀草 ていそう 水際に生える草。

嫩草 どんそう 芽生えたばかりの若草。

「一いまだ生ぜざる早春の野」

夏草 なつくさ 夏に生い茂る草。

「一や兵どもが夢の跡（松尾芭蕉）」

七草 なな くさ ①春の代表的な七種の菜(せり・なずな・ごぎょう・はこべ・ほとけのざ・すずな・すずしろ)。[新年]
②秋の代表的な七種の菜(はぎ・おばな・くず・なでしこ・おみなえし・ふじばかま・あさがお。あさがおの代わりにききょうを入れることも)。[秋]
＊七種とも書く。

庭草 にわ くさ 庭に生えている草。
「一の手入れ」

猫草 ねこ ぐさ オキナグサの異名。

根無し草 ね な くさ 池などの水に浮き、根が地中に張っていない草。

葩卉 は き くさばな。
「一を育てて美しい花を咲かせた」

初草 はつ くさ 若草。

花筵 はな むしろ 草花などが一面に咲きそろったさまや、(桜の)花が一面に散っているさまを筵にたとえている語。[春]

腐草 ふ そう ホタルの異名。
＊草が腐ってホタルになるという俗説から。

碧草 へき そう 青々とした草。
「目にも涼しい一」

芳草 ほう そう 香る若草。[春]

干し草 ほし くさ 干した牧草。[夏]
「一のにおい」

水陰草 みず かげ くさ ①水のほとりに生える草。
②稲の異名。

道草 みち くさ ①道端に生える草。
②(「道草を食う」から)目的地への途中で他の事に時間を使うこと。

百草 も くさ いろいろの草。

薬草 やく そう 薬の材料になる草。
「一茶」

野草 や そう 山野に生える草。のぐさともいう。
「一料理」

八千草 や ち くさ たくさんの草。
「庭に茂る一」

夕陰草 ゆう かげ ぐさ 夕方の薄明かりの中にある草。

緑草 りょく そう みどり色の草。
「一が生い茂る」

緑蕪 りょく ぶ 青々と生い茂った草。

霊草 れい そう 不思議なききめをもつ草。

若草 わか くさ 芽を出して間もない草。[春]
「一を摘む」

その他の表現

グラス・ウィード・ハーブ
毒草

花

→ 土／野原／木・枝／草／春

基本の表現
［花・蕾・花びら・花粉・花束・
生け花・生花・切り花・造花］

花いろいろ

徒花（あだばな）①咲いても実を結ばない花。
②季節はずれに咲く花。

押し花（おしばな）紙などの間にはさむなどして、乾燥させた花。

花間（かかん）花が咲いているなか。
「―の蝶（ちょう）」

花香（かこう）①花のにおい。
②仏前に供える花と香。

華道（かどう）生け花。
＊人間としての修養の面を重視した呼び名。

紙花（かみばな）紙製の造花。

供花（きょうか）仏前に花を供えること。また、その花。

群芳（ぐんぼう）①多くの良い香りの花・草。
②多くの賢人・美人。

紅花（こうか）①紅色の花。
②ベニバナ。

香花（こうか）仏に供える香と花。**こうげ**ともいう。
「―を手向ける」

国花（こっか）その国の象徴となっている花。日本では桜あるいは菊。

散華（さんげ）①仏を供養するために花をまき散らすこと。
②戦死。

衆芳（しゅうほう）多くの良い香りの花。

小輪（しょうりん）花が小さいこと。
「―の菊」

千紫万紅（せんしばんこう）①さまざまな色の花。
②色とりどり。
「全山紅葉して―だ」

手向け花（たむけばな）神仏や死者の霊などにささげる花。

丹花（たんか）赤い花。しばしば美人の唇の形容に用いる。

散り花（ちりばな）①散った花。
②実を結ばない花。

天花（てんげ）天上界の花。**天華**とも書く。
＊「天花（てんか）」は雪のこと。

常花（とこはな）いつまでも変わらず咲いている花。

花影（はなかげ）月光などによる花の影。
「―が池に映る」

花妻（はなづま）①花のように美しい妻。
②萩を鹿の妻に見たてた語。

花実（はなみ）①花と実。
②外形と実質。

花輪（はなわ）生花または造花を輪状に組み合わせたもの。
＊慶弔などの意をあらわすのに使う。

万花 ばんか 多くの種類の花。
「―繚乱」

美花 びか 美しい花。

百花 ひゃっか たくさんの花。
「―園」

瓶花 へいか 花瓶にさした花。

芳花 ほうか 香りの良い花。

芳菲 ほうひ 草花のかんばしいにおい。また、草が青々と茂り、花がかぐわしく咲くこと。
「心安らぐ―の香り」

曼珠沙華 まんじゅしゃげ ①天上に咲く花。②ヒガンバナ。[秋]

無駄花 むだばな 咲いても実を結ばない花。あだ花。

名花 めいか すぐれて美しい花。また、美女のたとえ。

盛り花 もりばな ①口の広い器に花を盛って飾ること。
「来客に備え、玄関に―を飾る」②盛り塩。

妖花 ようか 美しいが、あやしく不吉な感じを与える花。
「見たこともない―が咲いていた」

落英繽紛 らくえいひんぷん 落花が乱れ散るさま。

花の部分

雄花 おばな おしべがあって、めしべのない花。**ゆうか**ともいう。

花冠 かかん 一つの花の花弁全体。

花唇 かしん ①花びら。②美人のくちびる。

花穂 かすい 穂のような形に群がって咲く花。
「ススキの黄褐色に光る―が風に揺れている」

花片 かへん 花びらの一枚一枚。

花弁 かべん 花びら。
「雪のように白い―」

大輪 たいりん 花が普通よりも大きいこと。また、その花。

単弁 たんべん 花弁がひとえであること。

花房 はなふさ 花が房状に群がり咲いているもの。

花芽 はなめ 発達して花になる芽。

雌花 めばな めしべだけがある花。

綿花 めんか ワタの種子を包む繊維。紡いで綿糸とする。
「―栽培」

季節と花

桜花 おうか 桜の花。
「―爛漫」

尾花 おばな ススキの花穂。[秋]
＊花の形が獣の尾に似ていることから。

返り花 かえりばな 初冬の小春日和に咲く季節はずれの花。**帰り花**とも書く。[冬]
「暖かな小春日和が続き、庭木にも―が咲いた」

99

地
花

寒花 <ruby>寒<rt>かん</rt></ruby><ruby>花<rt>か</rt></ruby> ①冬に咲く花。②雪のこと。

菊花 <ruby>菊<rt>きく</rt></ruby><ruby>花<rt>か</rt></ruby> 菊の花。

狂花 <ruby>狂<rt>きょう</rt></ruby><ruby>花<rt>か</rt></ruby> 季節外れに咲く花。

狂い咲き <ruby>狂<rt>くる</rt></ruby>い<ruby>咲<rt>ざ</rt></ruby>き 初冬の小春日和の頃、時節外れに花が咲くこと。[冬]

残花 <ruby>残<rt>ざん</rt></ruby><ruby>花<rt>か</rt></ruby> 散り残った(桜の)花。[春]「一輪の―」

時花 <ruby>時<rt>じ</rt></ruby><ruby>花<rt>か</rt></ruby> その時節の花。「―を生ける」

秋房 <ruby>秋<rt>しゅう</rt></ruby><ruby>房<rt>ぼう</rt></ruby> 秋に咲く花。

春花 <ruby>春<rt>しゅん</rt></ruby><ruby>花<rt>か</rt></ruby> 春の花。「―秋月」

夏菊 <ruby>夏<rt>なつ</rt></ruby><ruby>菊<rt>ぎく</rt></ruby> 初夏の頃に咲く菊の花。[夏]「―を墓前に供える」

菜の花 <ruby>菜<rt>な</rt></ruby>の<ruby>花<rt>はな</rt></ruby> アブラナ。[春]「―畑」

梅花 <ruby>梅<rt>ばい</rt></ruby><ruby>花<rt>か</rt></ruby> 梅の花。「馥郁<rt>ふくいく</rt>たる―の香」

初花 <ruby>初<rt>はつ</rt></ruby><ruby>花<rt>はな</rt></ruby> ①その季節で最初に咲く花。②その年初めて咲いた桜の花。[春]

花嵐 <ruby>花<rt>はな</rt></ruby><ruby>嵐<rt>あらし</rt></ruby> 桜の花の咲く頃に吹く強風。また、盛んに桜の花びらが散ること。

花筏 <ruby>花<rt>はな</rt></ruby><ruby>筏<rt>いかだ</rt></ruby> 川に散った桜の花びらが帯のように流れていくのを筏に見立てた語。

花吹雪 <ruby>花<rt>はな</rt></ruby><ruby>吹<rt>ふ</rt></ruby><ruby>雪<rt>ぶき</rt></ruby> 桜の花が風に吹かれて乱れ散るようすを吹雪にたとえた語。

花見 <ruby>花<rt>はな</rt></ruby><ruby>見<rt>み</rt></ruby> 花、特に桜の花を見て楽しむこと。[春]

室咲き <ruby>室<rt>むろ</rt></ruby><ruby>咲<rt>ざ</rt></ruby>き 春に咲く花を、温室で冬のうちに咲かせたもの。[冬]「冬の花屋の店先を飾る―の花々」

落花 <ruby>落<rt>らっ</rt></ruby><ruby>花<rt>か</rt></ruby> 花の散り落ちること。また、落ちた花。[春]「―流水」

柳暗花明 <ruby>柳<rt>りゅう</rt></ruby><ruby>暗<rt>あん</rt></ruby><ruby>花<rt>か</rt></ruby><ruby>明<rt>めい</rt></ruby> 柳の葉が茂って暗く、花が明るく咲きおおっていること。美しい春の景色にいう。「―の季節」

忘れ花 <ruby>忘<rt>わす</rt></ruby>れ<ruby>花<rt>ばな</rt></ruby> 時節が過ぎさってから咲く花。

その他の表現

フラワー・ブーケ・ブロッサム・ブルーム

100

石

→ 土／川・湖／海

基本の表現 　石・石ころ・小石・砂・礫・岩・岩石

いろいろな石

赤間石 〔あかまいし〕山口県産のあずき色のすずり石。

石塊 〔いしくれ〕石ころ。

石子 〔いしこ〕小石。

石道 〔いしみち〕石が多い道。
「一では自転車のスピードが出ない」

石群 〔いしむら〕多くの石。

巌 〔いわお〕大きな岩。
「一のように立ちはだかる」

岩壁 〔いわかべ〕壁のように切り立った岩。
「谷底から一を見上げる」

岩棚 〔いわだな〕崖などの途中で岩が棚のように張り出しているところ。

岩根 〔いわね〕岩の根元。また、大きな岩。

岩肌 〔いわはだ〕岩の表面。
「一の露出した山」

隕石 〔いんせき〕流星が地上に落ちたもの。
「一が屋根を突き抜けた」

浮き石 〔うきいし〕①軽石。
②ぐらぐらと不安定な状態の石。

漆石 〔うるしいし〕黒曜石。

大石 〔おおいし〕大きな石。

大谷石 〔おおやいし〕宇都宮市産の岩石。

化石 〔かせき〕地質時代の動植物の遺骸などが地層中に保存されたもの。

巨岩 〔きょがん〕とても大きな岩。
「一怪石」

玉石 〔ぎょくせき〕玉と石。また、良いものと悪いもの。
「一混交」

巨石 〔きょせき〕大きな石。
「一文化」

金石 〔きんせき〕金属と石。非常に堅いもの。
「一の交わり」

金緑石 〔きんりょくせき〕黄緑色に輝く結晶鉱物。

栗石 〔くりいし〕栗の実ぐらいの小石。また、直径十数センチの丸い石。

鉱石 〔こうせき〕金属を含む鉱物。
「一ラジオ」

琥珀 〔こはく〕樹脂の化石。
「一色」

金剛石 〔こんごうせき〕ダイヤモンド。

細石 さざれ いし　細かい石。

砂石 さ せき　砂と石。**沙石**とも書く。

砂礫 さ れき　砂と小石。**しゃれき**ともいう。

砂利 じゃ り　細かい石。
「玉―」

翠玉 すい ぎょく　エメラルド。
「―の指輪」

晴砂 せい さ　日の光に照らされた砂。

石片 せき へん　石のかけら。

礫石 つぶ いし　小石。

礫 つぶて　投げつけるための小石。
「小さな丸い―」

玻璃 は り　①水晶。
②ガラス。

盤石 ばん じゃく　大きな岩。転じて、安泰な例え。

礫塊 れき かい　小石と土くれ。転じて、つまらないもの。

人の使う石

雨落石 あま おち いし　雨だれで地面のくぼむのを防ぐため軒下に置く。

霰零 あられこぼし　玉石を敷き詰めた庭の道。

礎 いしずえ　①建物の土台となる石。
②物事の基礎となるもの。礎石。
「生活の―となる」

石畳 いし だたみ　板石を敷き詰めたところ。
「安土城の―」

鱗石 うろこ いし　三角に刻んだ石。

大砌 おお みぎり　軒下の敷石。

置き石 お いし　庭に置く石。

基石 き せき　土台の石。

切石 きり いし　切った石材。
「道ばたの―に腰を下ろした」

沓石 くつ いし　柱などの下に据える土台石。
根石など。

沓脱石 くつ ぬぎ いし　履物を脱いで置くための石。踏み石。

試金石 し きん せき　貴金属の純度を調べるのに用いる石。転じて、ものの価値を判定する材料。

自然石 し ぜん せき　庭に置いて鑑賞する石。

地覆石 じ ふく いし　建物の出入り口や基壇の下部に据えた石。

捨て石 す いし　庭園で趣を添えるため所々に置いた石。

台石 だい いし　土台に据える石。
「地蔵像の―」

堆石 たい せき　高く積まれた石。

立て石 た いし　庭や道に立ててある石。
「路傍の―」

柱石 ちゅう せき　①柱と土台石。
②重要な人。

飛び石 と いし　庭で伝い歩くために置く石。

猫石 ねこ いし　板塀などの土台の下に据える石。

火打ち石（ひうちいし）石英の一種で、打って火を出すのに使う石。

布石（ふせき）囲碁の序盤での石の置き方。転じて、将来への準備。

舗石（ほせき）敷石。

前石（まえいし）蹲踞（つくばい）や石灯籠（いしどうろう）の前に据える石。

蒔石（まきいし）茶室の庭などに振りまいたように置く石。飛び石。

道石（みちいし）道案内に立てた石。

道分石（みちわけいし）道路の分岐点に立てた標識の石。

焼け石（やけいし）焼けて熱くなった石。「—に水」

割り石（わりいし）石材を割った石。基礎工事などに使う。

割栗石（わりぐりいし）基礎工事や地盤の固めに用いる割石。

慣用句など

雨垂れ石を穿つ（あまだれいしをうがつ）雨垂れが長い時間をかけて石に穴をあけるように、非力でも根気よく続ければ成就する。

石の上にも三年（いしのうえにもさんねん）長年辛抱すれば報われるということ。

石橋を叩いて渡る（いしばしをたたいてわたる）用心の上に用心を重ねて物事を行うことのたとえ。

一石を投ずる（いっせきをとうずる）反響を呼ぶような問題を投げかける。

漱石枕流（そうせきちんりゅう）負け惜しみの強いこと。

他山の石（たざんのいし）他のつまらない物事でも自分の役に立つということ。

＊模範にする意で使うのは誤り。

その他の表現

ストーン・ロック・ジュエル
ごつごつ・ごろごろ・ころころ・どしっと

川・湖

→ 石／海／波

基本の表現

> 川・河川・小川・川上・川下・上流・
> 中流・下流・河口・河原・池・沼・湖

川のいろいろ

一衣帯水（いちいたいすい）　一筋の帯のように狭い川や海峡。また、海や川によって隔てられているが、近いこと。
　＊「衣帯」は帯の意。

運河（うんが）　船の運航・水利・灌漑などのために人工的に陸地を掘って作った水路。

枝川（えだかわ）　支流。「一に沿って歩く」

枝流れ（えだながれ）　支流。分流。

河床（かしょう）　川底。川床。かわどこ。

河川敷（かせんしき）　川岸の敷地。堤防と堤防の間に挟まれた区域。

川筋（かわすじ）　川の流れる道筋。また、川に沿った土地。

川面（かわも）　川の水面。かわつら。「一をすべるように舟が進む」

渓流（けいりゅう）　谷川の流れ。「一釣り」

小濁り（こにごり）　水が少し濁ること。

沢（さわ）　①山あいの谷川。「一登り」

②水が浅くたまって草が生えている湿地。

山川（さんせん）　山と川。自然の風景。「一草木」

支川（しせん）　支流。

秋水（しゅうすい）　①秋の澄み切った水や川。②研ぎ澄ました刀。

主流（しゅりゅう）　川の主な流れ。

白滝（しらたき）　①白い布を広げたように見える滝。②細いこんにゃく。

支流（しりゅう）　本流に流れ込んでいる川。また、本流から分かれた川。

水系（すいけい）　川の流れの集まり。「利根川一」

水上（すいじょう）　水の上。水面。「一公園」

水流（すいりゅう）　水の流れ。「一をせき止める」

晴江（せいこう）　晴れわたった空の下の川。

晴川（せいせん）　雨上がりの川。

清流（せいりゅう）　①清らかな水の流れ。②名門。

せせらぎ 浅瀬に水が流れているところ。また、その音。

「小川の—」

瀬枕（せまくら） 川の水の流れが石などに当たって盛り上がって見えるところ。

濁流（だくりゅう） 濁った水の流れ。

「—が渦巻く」

底流（ていりゅう） 川や海の底近くの流れ。

天井川（てんじょうがわ） 川床が周りの土地より高くなった川。

溝川（どぶがわ） どぶのように汚れた川。

夏川（なつかわ） 夏の川。[夏]

伏流（ふくりゅう） 地上を流れる水が、ある場所だけ地下に潜って流れること。

「富士山の—水」

分流（ぶんりゅう） 本流から分かれて流れること。また、その流れ。

本流（ほんりゅう） 川などの主流。

水下（みなしも） 下流。

水無川（みなせがわ） 水のない川。

水面（みなも） 水の表面。**すいめん・みのもと**ともいう。

「—に浮かぶ」

八十川（やそがわ） 多くの川。また、幾筋にも分かれた川。

流水（りゅうすい） 流れる水。

「野菜についた土を—で洗い流す」

浅い・深い

浅瀬（あさせ） 川や海の浅いところ。

川瀬（かわせ） 川底が浅く流れが速いところ。

深淵（しんえん） 深いふち。

「学問の—」

瀬（せ） 川の水が浅く人が歩いて渡れるところ。

高瀬（たかせ） 川底の浅いところ。浅瀬。

深間（ふかま） ①川や海の深いところ。②男女の仲が親密になること。

深み（ふかみ） 川などの深いところ。

「—にはまる」

淵（ふち） 川などで、水が深くよどんだところ。

川の場所

川口（かわぐち） 河口。

川尻（かわじり） 河口。また、川下。

川裾（かわすそ） 川尻。

川門（かわと） 川の両岸が迫って狭いところ。

源泉（げんせん） 水・温泉の湧き出るところ。また、ものが生ずるところ。

源流（げんりゅう） 川の源。また、物事の始まり。

三角州（さんかくす） 河口に土砂が堆積してできた三角形の陸地。

水源（すいげん） 川の流れ出るもととなるところ。みなもと。また、水道水の供

105

給源。

水源地 <ruby>水<rt>すい</rt>源<rt>げん</rt>地<rt>ち</rt></ruby> 水源となる地域。

水脈 <ruby>水<rt>すい</rt>脈<rt>みゃく</rt></ruby> 地層の中で、地下水が流れている道筋。また、船の航行する道筋。

末無川 <ruby>末<rt>すえ</rt>無<rt>なし</rt>川<rt>がわ</rt></ruby> 川の流れが陸上で消滅しているもの。

谷川 <ruby>谷<rt>たに</rt>川<rt>がわ</rt></ruby> 谷間を流れる川。「—にすむサワガニ」

川の流れ

河流 <ruby>河<rt>か</rt>流<rt>りゅう</rt></ruby> 川の流れ。

川並 <ruby>川<rt>かわ</rt>並<rt>なみ</rt></ruby> ①川の流れ。②木場の筏流し<ruby>筏<rt>いかだ</rt></ruby>。

緩流 <ruby>緩<rt>かん</rt>流<rt>りゅう</rt></ruby> 緩やかな流れ。

急湍 <ruby>急<rt>きゅう</rt>湍<rt>たん</rt></ruby> 流れの急な瀬。早瀬。急灘<ruby>灘<rt>きゅうだん</rt></ruby>。

急流 <ruby>急<rt>きゅう</rt>流<rt>りゅう</rt></ruby> 急な流れ。「—の轟々<ruby>轟々<rt>ごうごう</rt></ruby>たる音」

激流 <ruby>激<rt>げき</rt>流<rt>りゅう</rt></ruby> 激しい流れ。「—にのまれる」

懸河 <ruby>懸<rt>けん</rt>河<rt>が</rt></ruby> 傾斜が急で流れの速い川。「—の勢い」

合流 <ruby>合<rt>ごう</rt>流<rt>りゅう</rt></ruby> 二つ以上の流れが合わさって一つになること。また、二つのものが一つになること。

滝つ瀬 <ruby>滝<rt>たき</rt>つ瀬<rt>せ</rt></ruby> 滝のように急な流れ。

瀞 <ruby>瀞<rt>とろ</rt></ruby> 川の流れで、水が深くて流れが緩やかなところ。

瀑布 <ruby>瀑<rt>ばく</rt>布<rt>ふ</rt></ruby> 滝。布をたらしたように落ちる水の流れ。[夏]

早瀬 <ruby>早<rt>はや</rt>瀬<rt>せ</rt></ruby> 川の流れの浅くて早いところ。

飛湍 <ruby>飛<rt>ひ</rt>湍<rt>たん</rt></ruby> 流れの激しい瀬。

奔流 <ruby>奔<rt>ほん</rt>流<rt>りゅう</rt></ruby> 激しい勢いの流れ。

淀 <ruby>淀<rt>よど</rt></ruby> 水が流れずたまったところ。よどみ。

淀み <ruby>淀<rt>よど</rt>み</ruby> ①水が流れずにたまっていること。②とどこおること。「—なく話す」

川の水の量

暴れ川 <ruby>暴<rt>あば</rt>れ川<rt>がわ</rt></ruby> 雨が降るとすぐ氾濫する川。

細小川 <ruby>細<rt>いささ</rt>小<rt>お</rt>川<rt>がわ</rt></ruby> 水の少し流れる川。**いささおがわ**ともいう。

大川 <ruby>大<rt>おお</rt>川<rt>かわ</rt></ruby> 大きな川。*隅田川の下流や淀川の下流の異称にも。

細流 <ruby>細<rt>さい</rt>流<rt>りゅう</rt></ruby> 細い川。

細川 <ruby>細<rt>ささら</rt>川<rt>がわ</rt></ruby> さらさらと流れる小川。「—の水音に耳を傾ける」

差し水 <ruby>差<rt>さ</rt>し水<rt>みず</rt></ruby> 水をつぎ足すこと。また、川の水かさが少し増すこと。

大河 <ruby>大<rt>たい</rt>河<rt>が</rt></ruby> 大きな川。*中国の黄河をさすことも。

高水 <ruby>高<rt>たか</rt>水<rt>みず</rt></ruby> 川の水が増すこと。

出水 <ruby>出<rt>で</rt>水<rt>みず</rt></ruby> 雨のために、河川などの水がふえる(あふれる)こと。**しゅっすい**ともいう。[夏]

平水〔へいすい〕河川が増水・減水していない状態。また、波立っていない静かな水。

湖など

淡海〔あわうみ〕湖。＊淡水の海の意から。

泉〔いずみ〕地中から自然に水が湧きでるところ。またその水。〔夏〕「―から滾々と水が湧く」＊出水の意。

塩湖〔えんこ〕塩分を含んだ湖。

潟〔かた〕遠浅の海岸で潮の干満によって現れたり隠れたりするところ。また、砂州などによって海と分離された湖など。

湖岸〔こがん〕湖の岸。「―に沿って並木がつづく」

湖沼〔こしょう〕湖と沼。「河川や―に生息する生物」

湖上〔こじょう〕湖の上。「―の月」

湖尻〔こじり〕湖の水が河川に流れでるところ。

湖心〔こしん〕湖の真ん中。「―に浮かぶ島」

湖水〔こすい〕湖。また、湖の水。「美しい青色の―」

湖底〔こてい〕湖の底。「―に沈んだ村」

湖頭〔ことう〕湖のほとり。また、川が湖に注ぎ込むところ。

湖畔〔こはん〕湖のほとり。「―を逍遥する」

湖面〔こめん〕湖の表面。「鏡のような―」

沼沢〔しょうたく〕沼と沢。

大湖〔たいこ〕大きな湖。

淡水湖〔たんすいこ〕淡水の湖。

三日月湖〔みかづきこ〕蛇行する川が三日月形に取り残されてできた湖。

御手洗〔みたらい〕神社の拝殿の近くにあって、参拝者が水で手や口を清める所。

その他の表現

リバー・リバーサイド・ラグーン・レイク・オアシス
さらさら・とうとう・こんこん・ちょろちょろ・どんぶらこ

海

→石／川・湖／波

基本の表現　海・海上・海面・海洋・深海・臨海・湾

海

青海原〈あおうなばら〉青々とした広い海。「茫洋たる―」

碧海〈あおみ〉青い海。

浅海〈あさうみ〉浅い海。

荒海〈あらうみ〉波の荒い海。「人生の―」

一碧万頃〈いっぺきばんけい〉青々とした水が広々とたたえられているさま。

海山〈うみやま〉①海と山。②恩の深く高いことのたとえ。

遠海〈えんかい〉陸地から遠い海。「―の波の音」

遠洋〈えんよう〉陸地から遠くの海。「―航海」

大海原〈おおうなばら〉広々とした海。「―を渡る風」

大海〈おおうみ〉大きな海。たいかいともいう。「―に漕ぎ出す」

沖〈おき〉海・湖の岸から遠く離れた場所。「―に出る」

沖合い〈おきあい〉沖の方。「―を走る漁船」

海淵〈かいえん〉海溝の中で特に深い部分。「チャレンジャー――」

外海〈がいかい〉陸に囲まれていない海。また、陸地から離れた海。対内海

海溝〈かいこう〉海底が溝のように深くなっているところ。

外洋〈がいよう〉陸から遠く離れた広い海。対内洋

環海〈かんかい〉四方を海に囲まれていること。また、その海。

汽水〈きすい〉海水と淡水とが混じり合っている水。

巨海〈きょかい〉大海。

極洋〈きょくよう〉南極・北極に近い海。

近海〈きんかい〉陸に近い海。類近洋「日本―」

公海〈こうかい〉各国が自由に航行できる海。「―自由の原則」

西海〈さいかい〉西方の海。

四海〈しかい〉①四方の海。②天下。「―波静か／―兄弟」

春海〈しゅんかい〉春の海。

水道〈すいどう〉①上水道。②船が通る道。

絶海〔ぜっ かい〕 陸地から遠く離れた海。
「―の孤島」

滄海〔そう かい〕 青い海。青海原。蒼海とも書く。題滄溟〔そうめい〕
「―桑田〔そうでん〕〔＝世の中の変化が激しいことのたとえ〕」

大洋〔たい よう〕 大きい海。
＊北極海・太平洋・大西洋・インド洋・南極海を「五大洋」という。

東海〔とう かい〕 東方の海。
「―の君子国」

遠浅〔とお あさ〕 海や川の岸から沖まで水が浅いこと。
「―の海岸」

泥海〔どろ うみ〕 泥の混じった汚れた海。

灘〔なだ〕 風波が強く、航行の困難な海域。
「玄界―」

七つの海〔なな うみ〕 南太平洋・北太平洋・南大西洋・北大西洋・南極海・北極海・インド洋の七つの海。また、世界じゅうの海。七洋。

南海〔なん かい〕 南方の海。
「―の楽園」

南氷洋〔なん ぴょう よう〕 南極海の旧称。

南洋〔なん よう〕 日本の南方の熱帯海域。また、そこに散在する島々の総称。戦前・戦中に用いた呼称。

北洋〔ほく よう〕 北の海。

北海〔ほっ かい〕 北方の海。

海神〔わだ み〕 海の神。転じて単に、海。

海と陸

磯辺〔いそ べ〕 磯のほとり。題磯端
「―焼き」

入り海〔い うみ〕 陸地に入り込んだ海。

入り江〔い え〕 海や湖が陸地に入り込んだところ。

内海〔うち うみ〕 半島・岬や島で囲まれ外洋と海峡でつながっている海。ないかい。対外海

海端〔うみ はた〕 海のほとり。

浦〔うら〕 海や湖の、比較的小さな湾入部。
「田子の―」

沿海〔えん かい〕 海に沿った陸地。
「―都市」

沿岸〔えん がん〕 海に沿った陸地。また、陸に沿った浅海。題沿海

海峡〔かい きょう〕 両側から陸地に挟まれ、二つの海をつなぐ狭い海。
「穏やかな―を渡る」

峡湾〔きょう わん〕 陸地に入り込んだ細長い湾。フィヨルド。

瀬戸〔せ と〕 狭い海峡。

長汀曲浦〔ちょう てい きょく ほ〕 まがりくねって長く続いている海浜。

渚〔なぎさ〕 海・湖の波が打ち寄せるところ。
「―のあたたかい砂の上」

波打ち際〔なみ う ぎわ〕 波の打ち寄せるところ。

白砂青松〔はく さ せい しょう〕 白い砂浜と青い松林。美しい海岸の風景。

浜〔はま〕 海・湖の水際に沿った平地。
「―の真砂」

波

→ 川・湖／海

地

波

基本の表現

> 波・浪・波浪・海波・川波・大波・小波・高波・
> 荒波・波風・波動・波紋・波乱・うねり

大きな波

海脹れ（うみぶくれ）津波。
「地震後、大きな―が発生した」

狂濤（きょうとう）荒れ狂う大波。

驚波（きょうは）荒波。

狂瀾（きょうらん）①荒れ狂う大波。狂濤。
②物事が乱れて手のつけようがない状態。
「―怒濤（どとう）」

巨濤（きょとう）巨大な波。
「―で荒れる冬の日本海」

巨浪（きょろう）巨大な波。

鯨波（げいは）大波。また、ときの声。

鯨浪（げいろう）巨大な波。

激浪（げきろう）水運のさまたげになるような激しい波。

洪波（こうは）大波。類 **洪濤**（こうとう）
「逆巻く―に船は操縦不可能となった」

鼇波（ごうは）大亀のすむ大海の波。

滾る（たぎる）①水が逆巻いて激しく流れる。
②湯が煮え立つ。
③感情が強くわきおこる。

津波（つなみ）港に突然に災害をもたらす波。
「―火災」

濤波（とうは）大波。

怒濤（どとう）荒れ狂う大波。
「―のごとき進撃」

土用波（どようなみ）夏の土用の頃の大波。[夏]

波濤（はとう）大波。
「万里の―を乗り越えて進む船」

重なる波

男波（おなみ）高低のある波のうち、高く打ち寄せる波。対 **女波**（めなみ）

回波（かいは）繰り返し打ち寄せる波。
「日がな一日、―を眺めて暮らす」

三角波（さんかくなみ）方向の違う二つ以上の波が重なってできる、波長と比べて波高の高い三角形の波。

千波（せんば）幾重にも寄せる波。
「―万波」

千重波（ちえなみ）幾重にも重なり合って寄せる波。

110

波瀾 ①大小の波。②騒ぎ。
「―万丈」

頻浪 しきりに打ち寄せる波。

女波 高低のある波のうち、低く打ち寄せる波。対男波

百重波 幾重にも重なった波。

八重波 幾重にも立つ波。

波の音

海潮音 海の波の音。

潮騒 潮が満ちてくる時の波の音。しおさいとも。
「遠くに―が聞こえる」

潮鳴り 遠くから聞こえる、寄せては返す波の音。

潮音 海の波の音。

濤声 波の音。

波の鼓 波の音を鼓を打つ音にたとえた語。

いろいろな波

徒波 たいして風がないのに立つ波。変わりやすい人の心に例える。

磯波 磯に打ち寄せる波。類磯振り
「―に運ばれてきた貝殻を拾う」

岩波 岩に打ち寄せる波。

卯波 卯月(陰暦4月)の頃に立つ波。[夏]

地
波

浦波 海岸に打ち寄せる波。

上波 水面に立つ波。

煙波 遠くの波が煙ったように見えること。烟波とも書く。
「―の向こうに広がる大陸」

沖つ波 沖に立つ波。

海嘯 満潮の際に潮流の前面が垂直の壁となり、砕けながら川の上流へさかのぼる現象。

逆浪 逆風によりさかまく波。

銀濤 白波。
「日光に映える―がまぶしい」

金波 日光や月光を映して輝く波。
「船は静かに―銀波の上を行く」

銀波 月光などが映って輝く波。
「月光が水面に―を漂わす」

砕け波 砕けて散る波。

航跡 船などが通過した後に残る波や泡の筋。

江波 川の波。

紅波 夕日などを受けた赤い色の波。

逆波 さかまく波。

細波 水面一面にできるこまかい波。漣とも書く。
「―が繰り返し押し寄せてくる」

潮頭 満ちてくる潮の波がしら。

潮先 ^{しおさき} 潮が満ちてくる時。また、満ちてくる潮の波先。

塩花 ^{しおばな} ①潮が花のようにとび散る様子にいう語。潮花とも書く。
②不浄を清めるためにまいたり置いたりする塩。

下波 ^{したなみ} ①水の下層に立つ波。
②ひそかに心を動かすこと。

秋波 ^{しゅうは} ①秋の頃の澄んだ波。
②美人の目元や媚びを表す目つき。

消波 ^{しょうは} 波の力・勢いを弱めること。
「―ブロック」

白波 ^{しらなみ} 波頭がくだけて白く見える波。
「―が立つ」

白浜波 ^{しらはまなみ} 白浜に打ち寄せる波。

水煙 ^{すいえん} 水の飛沫が煙のように見えるもの。

水波 ^{すいは} 水面の波。また、水と波。
「―の隔て」

蒼波 ^{そうは} あおい波。

滄浪 ^{そうろう} あおい波。

縦波 ^{たてなみ} 船の進行方向に向かって立つ波。

波頭 ^{なみがしら} 盛り上がった波のいただき。 類波頂

波の花 ^{なみのはな} 波のしぶきや泡を花にたとえた語。

波の穂 ^{なみのほ} 波がしら。

波乗り ^{なみのり} 波のうねりに乗ること。サーフィン。

波間 ^{なみま} 波の低いところ。
「―に浮かぶ」

飛沫 ^{ひまつ} 細かな粒となって飛び散る水。

風波 ^{ふうは} 風によって起こる波。

風浪 ^{ふうろう} 風と波。また、風に吹かれて起こる波。

澪 ^{みお} 内湾などで海底にできた浅い谷。また、船の通ったあとに残る泡や水の筋。
＊「水の緒」の意。

夕波 ^{ゆうなみ} 夕方に立つ波。
「―が打ち寄せる」

横波 ^{よこなみ} 船の横から打ち付ける波。

余波 ^{よは} ①風が静まった後に残っている波。
②影響。
「事件の―を受ける」

漣 ^{りんれん} 小さく細かい波。

浪華 ^{ろうか} 波がくだけて白い花のように見えるもの。波の花。

その他の表現

ウェーブ
どどーん・のたりのたり・ひた
ひた・ざざーん・ざっぱーん・
ざばーん

112

島

→ 海

基本の表現 　島・小島 (しま・こじま)

島

秋津島 (あきつしま) 日本国の古代の異称。秋津洲・蜻蛉洲とも書く。

荒磯島 (あらいそじま) 荒磯でかこまれた島。ありそじまとも。

浮き島 (うきしま) ①水面から浮き上がっているように見える島。蜃気楼の一種。
②湖などに水草などの塊が浮き、島のように見えるもの。

遠島 (えんとう) ①陸から遠く離れた島。②島流し。

沖つ小島 (おきつこじま) 沖にある小島。

沖つ島人 (おきつしまびと) 沖にある島に住む人。

沖つ島守 (おきつしまもり) 沖にある島の番人。

沖つ島山 (おきつしまやま) 沖にある島の山。

鬼ヶ島 (おにがしま) 鬼が住むとされる想像上の島。

海島 (かいとう) 海中の島。

火山島 (かざんとう) 島のほとんどが火山でできている島。
＊ハワイ諸島や小笠原諸島など。

川島 (かわしま) 川の中にある島。

鯨の寄る島 (くじらのよるしま) 大海の孤島。

群島 (ぐんとう) 群がった多くの島。「奄美—」

孤島 (ことう) 他の島や陸地から遠く離れた海上にある島。「絶海の—」

敷島 (しきしま) 日本国の異称。＊もと、大和国の古称。

島隠 (しまがくれ) 島のかげに隠れること。また、島のかげ。

島陰 (しまかげ) 島に隠れて見えないところ。

島影 (しまかげ) 島の姿。「—を認める」

島国 (しまぐに) 四方を海で囲まれた国。「—根性」

島先 (しまさき) 島のつき出た先端。

島裾 (しますそ) 島の端。島が海に接する辺り。

島棚 (しまだな) 島の周縁に広がる、勾配(こうばい)の小さい海底。

島山 (しまやま) 島の中にある山。また、全体が山になっている島。

地
島

諸島 <ruby>諸<rt>しょ</rt></ruby><ruby>島<rt>とう</rt></ruby> 多くの島。「伊豆—」

絶島 <ruby>絶<rt>ぜつ</rt></ruby><ruby>島<rt>とう</rt></ruby> 絶海の孤島。離れ島。「南海の—」

島角 <ruby>島<rt>とう</rt></ruby><ruby>角<rt>かく</rt></ruby> 島の、海や湖に突き出た部分。みさき。

島嶼 <ruby>島<rt>とう</rt></ruby><ruby>嶼<rt>しょ</rt></ruby> 大小の島々。＊「島」は大きなしま、「嶼」は小さなしまの意。

島地 <ruby>島<rt>とう</rt></ruby><ruby>地<rt>ち</rt></ruby> 島国。

島裏 <ruby>島<rt>とう</rt></ruby><ruby>裏<rt>り</rt></ruby> 島の中。

渡島 <ruby>渡<rt>と</rt></ruby><ruby>島<rt>とう</rt></ruby> 船で島に渡ること。

女護が島 <ruby>女<rt>にょ</rt></ruby><ruby>護<rt>ご</rt></ruby>が<ruby>島<rt>しま</rt></ruby> 女性だけが住むという想像上の島。

離れ島 <ruby>離<rt>はな</rt></ruby>れ<ruby>島<rt>じま</rt></ruby> 陸地から遠く離れた島。「遠い沖の—」

半島 <ruby>半<rt>はん</rt></ruby><ruby>島<rt>とう</rt></ruby> 海に向かって細長く突き出た陸地。

本島 <ruby>本<rt>ほん</rt></ruby><ruby>島<rt>とう</rt></ruby> 群島などの中心となる島。「沖縄—」

無人島 <ruby>無<rt>む</rt></ruby><ruby>人<rt>じん</rt></ruby><ruby>島<rt>とう</rt></ruby> 人が住んでいない島。「—に持っていく本」

八十島 <ruby>八<rt>や</rt></ruby><ruby>十<rt>そ</rt></ruby><ruby>島<rt>しま</rt></ruby> 多くの島。「—巡り」

洋島 <ruby>洋<rt>よう</rt></ruby><ruby>島<rt>とう</rt></ruby> 大洋上にある島。大洋島。

陸島 <ruby>陸<rt>りく</rt></ruby><ruby>島<rt>とう</rt></ruby> 大陸から分離してできたと考えられる島。日本列島など。

離島 <ruby>離<rt>り</rt></ruby><ruby>島<rt>とう</rt></ruby> 離れ島。

列島 <ruby>列<rt>れつ</rt></ruby><ruby>島<rt>とう</rt></ruby> 細長く列を成して連なる島。「日本—」

慣用句など

かかる島なし 舟が寄りつく<ruby>島<rt>しま</rt></ruby>がない。頼る手がかりがない。**類取りつく島もない**

島の巣守り <ruby>島<rt>しま</rt></ruby>の<ruby>巣<rt>す</rt></ruby><ruby>守<rt>も</rt></ruby>り 孤島で鳥獣のようなみじめな暮らしをすること。

取り付く島 <ruby>取<rt>と</rt></ruby>り<ruby>付<rt>つ</rt></ruby>く<ruby>島<rt>しま</rt></ruby> 頼りにしてとりすがる所。頼るべきもの。

その他の表現

アイランド

人

手

→ 足

基本の表現　手・手首・手の甲・手のひら・肘・腕・拳・
左腕・右腕・左手・右手・片手・両手

人
手

手

按手（あんしゅ） キリスト教で、人の頭に手を置いて、聖霊の力が与えられるように祈ること。

印手（いんしゅ） 仏教で、印を結んだ手。

腕首（うでくび） 手首。「―をしっかりとつかまれた」

大手（おおで） 肩から手の指先まで。「―を振ってまかり通る」

柏手（かしわで） 両手を打ち合わせて、音をたてること。

下膊（かはく） 肘と手首の間。類前膊（ぜんはく）　対上膊（じょうはく）

空手（からて） ①手になにも持っていないこと。
②沖縄で発達した拳法。

利き腕（ききうで） よく働き、力の出る方の腕。類利き手

亀手（きしゅ） 亀の甲のように、ひびのきれた手。きんしゅともいう。

義手（ぎしゅ） 手の機能を補うためにつける人工の手。

拱手（きょうしゅ） 手をこまねいて何もしないでいること。類交手（こうしゅ）

空拳（くうけん） 何も持っていない、ただの握りこぶし。

戟手（げきしゅ） 左右の手を戟（ほこ）の両側につきでた刃のように張って身がまえること。

拳骨（げんこつ） にぎりこぶし。類拳固（げんこ）・握り拳（こぶし）

甲高（こうだか） 手・足の甲が高いこと。「―の足」

小手（こて） ①手先。
②手首と肘との間。

金手（こんしゅ） 仏の手。

叉手（さしゅ） ①両手を組み合わせること。
②手をこまぬくこと。

袖手（しゅうしゅ） 手をそでに入れていること。「―傍観」

手技（しゅぎ） 手を使ってする技術。「芸術的な―」

手芸（しゅげい） 編み物など、主に手先を使ってする技芸。

手沢（しゅたく） 手あかで出たつや。転じて、身近に置いて愛用した物。

手談（しゅだん） 囲碁の異名。＊手で語る意。

手中（しゅちゅう） 手のうち。「敵の―に陥る」

手理（しゅり） 手のひらの筋。類手紋

手裏 しゅり 手のうち。「—剣」

上肢 じょうし 人間の手と腕、あるいは動物の前脚。

掌中 しょうちゅう ①てのひらの中。
②自分の勢力の及ぶ範囲。

上腕 じょうわん 肩の関節と肘の関節との間の部分。類**上膊**じょうはく

素手 すで 手に何も持っていないこと。類**赤手**せきしゅ・**徒手**としゅ

隻手 せきしゅ かた手。類**一隻手**いっせきしゅ「—の声」

隻腕 せきわん 片うで。「—の剣士」

前腕 ぜんわん 腕の肘から手首までの部分。類**前膊**ぜんはく

掌 たなごころ てのひら。「—を指すように明らかだ」

玉手 たまて ①玉のように美しい手。
②天子の手。

手先 てさき 手のさき。指先。「—が器用だ」

鉄拳 てっけん 固いにぎりこぶし。「—制裁」

手長 てなが ①手の長いこと。
②盗癖のあること。

手元 てもと 手の下。手の届くあたり。「資料を—に置いてある」

二の腕 にのうで 肩から肘までの間の部分。

平手 ひらて 開いた手のひら。「—打ち」

細腕 ほそうで 細い腕。「怪力を秘めているとは思えないー」

馬手 めて 右手。＊馬の手綱を持つ方の手。

諸手 もろて 左右の手。**両手**とも書く。類**双手**そうしゅ「—を挙げて賛成だ」

扼腕 やくわん 憤慨したりして、自分の腕をにぎりしめること。「切歯—して悔しがる」

痩せ腕 やせうで やせて細い腕。「この一では役に立つまい」

弓手 ゆんで 左の手。＊「ゆみて」の転。弓を持つ方の左手の意。

指

指頭 しとう 指の先端。指先。「—画を得意とした画家」

食指 しょくし ひとさしゆび。「—を動かす」

高々指 たかたかゆび 中指。

紅差し指 べにさしゆび くすりゆび。＊口紅をつけるのに用いたのでいう。

拇指 ぼし おやゆび。**母指**とも書く。「—球」

無名指 むめいし くすりゆび。

指先 ゆびさき 指の先端。「—が触れ合って顔を赤らめた」

その他の表現

ハンド・アーム
挙手・握手

117

足

→ 手

基本の表現 　足・脚・膝・踵・足指・足跡・足首・足腰・
左足・右足・両足・爪先・土足・足元

足

アキレス腱(けん) ふくらはぎの筋肉をかかとの上の骨に結びつけている腱。切れると歩けなくなる。

*ギリシャの英雄アキレスがかかとを射られて死んだという伝説から。

足裏(あしうら) 足の裏。類足蹠(そく)・足底(そくてい)
「—にまめができた」

足蹴(あしげ) 足で蹴ること。
「恩人を—にする」

足先(あしさき) 足首から先の部分。

足場(あしば) 高い所で作業をするために、組み立てる仮設構造物。

足末(あなすえ) 足の先。
*「足(あ)の末」の意。

あんよ 幼児語で、足・歩くこと。
「—は上手」

一本足(いっぽんあし) 一本の足。
「—打法」

内股(うちまた) ①ふとももの内側。
「—膏薬(こうやく)」
②歩くとき両足のつま先を内側に向ける歩き方。

大足(おおあし) ①大きな足。
②歩幅が広いこと。

「—に階段を上る」

御御足(おみあし) 足の丁寧語。
「—をおもみしましょう」

下肢(かし) (人の)あし。また、動物のあとあし。

片足(かたあし) 一方の足。
「—跳び」

下腿(かたい) 足の膝から足首まで。
「—骨」

片膝(かたひざ) 片一方の膝。
「—を立てる」

蟹股(がにまた) 両脚がO字形に曲がっていること。

鎌足(かまあし) 立ったとき、足先が内側に曲がっている足つき。

利き足(ききあし) よく働き、力の出せる方の足。
「—でボールを蹴(け)る」

義足(ぎそく) 足の機能を補うためにつける人工の足。
「—のパラリンピアン」

踵(きびす) かかと。**くびす**ともいう。
「—を返す」

脚部(きゃくぶ) あしの部分。
「—の筋肉」

踝(くるぶし) 足首の所で左右に骨が盛り上がっている部分。

毛脛（け ずね）毛の生えたすね。毛臑とも書く。

「—をむき出しにして」

股間（こ かん）またの間。「—を狙う」

小膝（こ ひざ）膝。「何かを思いついて—を打った」

小股（こ また）足の開きが狭いこと。「—走り」

三里（さん り）鍼灸医学のつぼで、膝頭の下三寸、外側の少しくぼんだ所。

首足（しゅ そく）首と足。また、首から足まで。「—ところを異にする」

上腿（じょう たい）脚の膝から上。

初足（しょ そく）病後などにはじめて出歩くこと。

身動足踏（しん どう そく とう）身体をはげしく動かして、足を高く踏むこと。

素足（す あし）履物をはかない足。[夏]「—にサンダルを履く」

脛（すね）膝から下、くるぶしより上の部分。臑とも書く。

隻脚（せっ きゃく）一方の足。片足。

足趾（そく し）あしあと。

足心（そく しん）足の裏の中心。

大根足（だい こん あし）女性の太い足をからかっていう語。

足袋（た び）布製の袋状の履物。「白—」

足袋跣（た び はだし）足袋をはいただけの足で外を歩くこと。

「—で飛び出す」

力足（ちから あし）①力を入れた足。②四股のこと。

長足（ちょう そく）長い足。速足。「—の進歩を遂げた」

土踏まず（つち ふまず）足の裏のくぼんだ所。土付かず。「—のない扁平足〈へんぺいそく〉」

鉄脚（てっ きゃく）丈夫な足。「自慢の—」

鉄足（てっ そく）力を込めた足。

頭足（とう そく）頭と足。

泥足（どろ あし）泥のついた足。「—で縁側を歩く」

投げ足（なげ あし）足を投げ出して座ること。

生足（なま あし）ストッキングなどをはかない足。

逃げ足（にげ あし）逃げる足どり。「—の早いやつだ」

裸足（はだし）足に靴下や足袋をはいていないこと。跣とも書く。[夏]類跣足〈せんそく〉
*「はだあし（肌足）」の転。

膝頭（ひざ がしら）膝の関節の外側。「—の間隔を開けて正座する」

膝小僧（ひざ こ ぞう）ひざがしら。

脹ら脛（ふくら はぎ）足のすねの後方のふくらんだ部分。こむら。「—がむくむ」

太腿（ふと もも）足のつけ根に近い、太い部分。太股とも書く。

119

人

足

扁平足 <ruby>扁<rt>へん</rt></ruby><ruby>平<rt>ぺい</rt></ruby><ruby>足<rt>そく</rt></ruby> 土踏まずのくぼみが浅く足の裏が平らな足。偏平足とも書く。

股座 <ruby>股<rt>また</rt></ruby><ruby>座<rt>ぐら</rt></ruby> 股間。「―を膏薬<rt>こうやく</rt>」

向こう脛 <ruby>向<rt>む</rt></ruby>こう<ruby>脛<rt>ずね</rt></ruby> 脛の前面。「―をかっ払われる」

諸膝 <ruby>諸<rt>もろ</rt></ruby><ruby>膝<rt>ひざ</rt></ruby> 両方のひざ。「―を折る」

鰐足 <ruby>鰐<rt>わに</rt></ruby><ruby>足<rt>あし</rt></ruby> 歩くとき、つま先を外側か内側に向けて歩く歩き方。「―で踏ん張る」

割り膝 <ruby>割<rt>わ</rt></ruby>り<ruby>膝<rt>ひざ</rt></ruby> 膝頭を離して座ること。

歩きかた

窺い足 <ruby>窺<rt>うかが</rt></ruby>い<ruby>足<rt>あし</rt></ruby> 忍び足。「そろそろと―で進む」

浮き足 <ruby>浮<rt>う</rt></ruby>き<ruby>足<rt>あし</rt></ruby> 足が地についていない状態。「思わぬ反撃を受けて―になる」

差し足 <ruby>差<rt>さ</rt></ruby>し<ruby>足<rt>あし</rt></ruby> 音を立てないように、足をつまだてて歩くこと。「抜き足―」

忍び足 <ruby>忍<rt>しの</rt></ruby>び<ruby>足<rt>あし</rt></ruby> 足音をたてぬように、そっと歩くこと。「―で近づく」

摺り足 <ruby>摺<rt>す</rt></ruby>り<ruby>足<rt>あし</rt></ruby> 足の裏全体で地面や床をするようにして歩くこと。「―で後じさる」

足がはやい・足がつよい

足早 <ruby>足<rt>あし</rt></ruby><ruby>早<rt>ばや</rt></ruby> 歩くのが早いさま。「外套<rt>がいとう</rt>の襟を立てて―に立ち去る」

逸足 <ruby>逸<rt>いっ</rt></ruby><ruby>足<rt>そく</rt></ruby> 足が速いこと。また、優れた才能を持つこと。「―の子分を使いにやった」

快足 <ruby>快<rt>かい</rt></ruby><ruby>足<rt>そく</rt></ruby> 走り方が速いこと。「―ランナー」

健脚 <ruby>健<rt>けん</rt></ruby><ruby>脚<rt>きゃく</rt></ruby> 足が丈夫で、長い距離を歩けること。「老人の―ぶりに驚いた」

小足 <ruby>小<rt>こ</rt></ruby><ruby>足<rt>あし</rt></ruby> 歩幅を狭くして速く歩くこと。「―に歩く」

疾足 <ruby>疾<rt>しっ</rt></ruby><ruby>足<rt>そく</rt></ruby> はやあし。

駿足 <ruby>駿<rt>しゅん</rt></ruby><ruby>足<rt>そく</rt></ruby> 足の速いこと。俊足とも書く。「―を誇る選手」

その他の表現

レッグ・フット・トー

120

顔・頭

→ 髪

基本の表現
[顔・頭・首・額・おでこ・頬・ほっぺた・
顔色・顔形・風貌・顔面・笑顔]

顔

襟足 えり あし 首の後ろ側の髪の生え際。
「―の長い美人」

襟首 えり くび 首の後ろの部分。
「手拭いで―の汗を拭った」

艶色 えん しょく あでやかな美貌。
「―無類」

面影 おも かげ 記憶に残っている顔や姿。
「昔の―が残っていない」

面差し おも ざ し 顔のようす。
「皆ほっとした―になった」

面持ち おも も 顔つき。
「緊張の―」

頭 かぶり あたま。
「―を振る」

鎌首 かま くび 鎌のように曲がった形の首。
「蛇が―をもたげる」

髪際 かみ ぎわ 髪のはえぎわ。**くしぎわ・こう**
ぎわともいう。

雁首 がん くび ①雁の首に形が似たもの。
②人の首。

顔貌 がん ぼう 顔だち。
「端正な―」

形相 ぎょう そう 顔かたち。
「鬼の―」

器量 き りょう ①物の役に立つ才能。
②(主に女性について)容貌。

血色 けっ しょく 顔の色つや。顔色。
「―が悪い」

血相 けっ そう 顔の表情。
「―を変える」

地顔 じ がお 化粧などしていない顔。
「彼女は夫にも―を見せない」

死に顔 し に がお 死者の顔つき。
「せめて―だけでも見たい」

首級 しゅ きゅう 討ちとった敵の首。
＊中国、戦国時代の秦の法で、
敵の首を一つ取ると一階級上がっ
たところから。

素面 す めん 酒を飲んでいないときのこと
(顔)。

素顔 す がお ①化粧をしていない顔。
②ありのままの姿。

前額 ぜん がく ひたい。
「―にかかる髪をかき上げる」

泉門 せん もん 新生児の頭蓋骨がまだ縫合し
ないとき、中央にある軟らかい
部分。

相好 そう ごう ①仏の身体にそなわっている
すぐれた特徴。
②顔かたち。
「―を崩す」

相貌 そう ぼう 顔かたち。
「恐ろしい―」

121

尊顔 （そんがん）他人を敬ってその顔をいう語。「御—を拝する」

尊容 （そんよう）仏像や貴人のとうとい顔かたち。

生首 （なまくび）斬ったばかりの首。「将門の—」

人相 （にんそう）人の容貌。「—の悪い男」

寝顔 （ねがお）寝ているときの顔つき。「子供の—を飽きずに見る」

鉢額 （はちびたい）はげ上がって、広く突き出た額。

半面 （はんめん）①顔の半分。②物事の一方だけの面。

額際 （ひたいぎわ）額の毛の生え際。「—に汗がにじむ」

眉目 （びもく）①眉と目。②容貌。「—秀麗」

富士額 （ふじびたい）髪の生えぎわが富士山の形に似ている額。美人の条件の一つとされた。

頬桁 （ほおげた）頬骨。「—を張り飛ばす」

満面 （まんめん）顔じゅう。「喜色を—にたたえる」

見目 （みめ）かおかたち。また、見た目。「—麗しい」

向こうっ面 （むこうっつら）顔の前面。また、向かい合っている相手の顔をののしっていう語。

目鼻 （めはな）目と鼻。また、顔立ち。「—の整った人」

面相 （めんそう）顔つき。題**面体**めんたい・**面貌**めんぼう・**面容**

容顔 （ようがん）顔つき。「—秀麗」

容色 （ようしょく）顔かたち。とくに、女性の顔かたちの美しさ。

容貌 （ようぼう）顔かたち。「—風采さい卑しからず」

横顔 （よこがお）横から見た顔。題**横面**よこ「—を盗み見る」

光頭 （こうとう）はげあたま。「つやつやの—の持ち主」

胡麻塩頭 （ごましおあたま）白髪のまじった頭。「—の男」

才槌頭 （さいづちあたま）前頭・後頭部が突き出て、槌のような形の頭。

白髪頭 （しらがあたま）毛髪がほとんど白くなった頭。

頭角 （とうかく）頭の先。「クラスで—を現した」

頭頂 （とうちょう）頭の一番上の部分。「—だけが禿げている」

脳天 （のうてん）頭のてっぺん。「—から出すような声」

坊主 （ぼうず）①僧。②僧のように頭髪を短く刈ったり、すっかり剃ったりした頭。「丸—／くりくり—」③山に木がないこと。

喜色 （きしょく）うれしそうな顔つき。「—満面」

破顔一笑 （はがんいっしょう）顔をほころばせて、にっこり笑うこと。

朗色
ろうしょく　晴れやかな顔色。

マイナスの表情

青ざめる
あおざめる　体の衰弱や恐怖などのために血の気がなくなって青白くなる。

青筋を立てる
あおすじをたてる　顔に静脈を浮き出させて、はげしく怒ったり、興奮したりする。

赤らめる
あからめる　恥じて顔色をちょっと赤くする。

浮かぬ顔
うかぬかお　沈んだ顔つき。

恨み顔
うらみがお　うらんでいる顔つき。「まだ―をして納得がいかないようだ」

怨色
えんしょく　うらんでいる顔つき。「少し―を見せたが、うなずいた」

汗顔
かんがん　すっかり恥じ入ること。「誠に―の至りです」

剣幕
けんまく　勢い込んで、相手と争おうとするような顔つきや態度。

しかめっ面
しかめっつら　まゆのあたりにしわを寄せた、不快そうな顔。

渋っ面
しぶっつら　苦々しい顔つき。「上司の―が崩れるのを見たことがない」

愁色
しゅうしょく　うれいを含んだ顔色。「―が濃い」

渋面
じゅうめん　不愉快、不機嫌そうな顔つき。「私に対して―をつくってみせた」

尖り顔
とがりがお　口をとがらせて怒ったときの顔。

泣き面
なきつら　泣いた顔つき。また、泣き出しそうな顔つき。類泣き顔

鼻白む
はなじろむ　批判を受けたり気勢をそがれたりして、気分を害する。きまり悪そうな顔をする。

膨れっ面
ふくれっつら　むっとした顔つき。「娘が―をして睨んできた」

べそ
泣き顔になる。類泣きべそ「―をかく」

吠え面
ほえづら　大声をあげて吠えるように泣く顔。

憂色
ゆうしょく　心配そうな顔色。「―を帯びた表情」

いろいろな表情

大きな顔
おおきなかお　いばった顔つき。平然とした態度。「犯人は―をして出歩いている」

幼顔
おさながお　幼い時の顔つき。「脳裏にある彼の―」

御為顔
おんためがお　いかにも主人のためを思うような顔つき。

心得顔
こころえがお　事情などをよくわかっているといった顔つき。

思案顔
しあんがお　深く考えこんでいる顔つき。

子細顔
しさいがお　わけありげな顔。

したり顔
したりがお　うまくやったといわんばかりの得意そうな顔つき。

人

顔・頭

123

主面（しゅうづら）主人ぶった顔つき。

知らん顔（かお）知らぬ顔。「呼ばれても—をしている」

知り顔（かお）知っているふう。

酔顔（すいがん）酒によった顔つき。「真っ赤な—を近づけてきた」

涼しい顔（すず かお）自分には関係がないことだという気持ちを表す顔。

すっぴん 化粧をしていないこと。「—にマスクで出社している」

生色（せいしょく）生き生きとした元気な顔色や様子。

手柄顔（て がら がお）手柄を自慢そうにする顔つき。

得意顔（とくい がお）望みどおりになったという顔つき。

所得顔（ところ え がお）所を得て満足そうなさま。「—に咲き誇る花」

慰め顔（なぐさ がお）人をなぐさめるような顔つき。

何食わぬ顔（なに く かお）実際は深くかかわっているのに、自分は全く関係が無いというような顔つき。

抜からぬ顔（ぬ かお）油断のない顔。「—で落ち着いている」

馬鹿面（ば か づら）まのぬけた顔つき。「大失敗をして、世間に—をさらした」

人待ち顔（ひと ま がお）人を待っているような顔つき。

百面相（ひゃく めん そう）顔つきをいろいろに変えて見せる演芸。

仏頂面（ぶっ ちょう づら）無愛想な顔。「—で返事をした」

真顔（ま がお）まじめな顔つき。「急に—に返った」

物知り顔（もの し がお）物知りであることを得意がる顔つき。「—で解説する」

我が物顔（わ もの がお）自分のものであるというような自分勝手な顔つきや振る舞い。

我知り顔（われ し がお）自分だけが知っているという顔つき。

いろいろな頭・顔

青瓢箪（あお びょう たん）①青いヒョウタン。②やせて顔色の悪い人をあざけっていう語。

赤ら顔（あか がお）日焼けや酒焼けで、赤みを帯びた顔。

頭でっかち（あたま）①頭が体にくらべてふつりあいに大きいさま。②理屈や知識ばかりで実践の伴わないさま。

毬栗頭（いが ぐり あたま）頭髪を短く刈った頭。「—の少年たち」

石頭（いし あたま）①石のように堅い頭。②考え方に柔軟性がなく、融通がきかないこと。

異相（い そう）普通の人と違っている人相やすがた。

馬面　うま づら　長い顔を評していう悪口。

瓜実顔　うり ざね がお　(瓜の種の形に似て)色白で鼻筋が通り、やや面長な顔。美人の一つの型とされる。

瓜二つ　うり ふた　二つに割った瓜のように、形がよく似ているさま。

恵比須顔　え び す がお　恵比須のようににこにこ笑っている顔。

閻魔顔　えん ま がお　閻魔のような恐ろしい顔。「酒が進んで—が崩れてきた」

面長　おも なが　顔が長めなこと。「色白で—の美男」

温顔　おん がん　あたたかみのあるやさしい顔。「愛情に満ちた—」

温容　おん よう　おだやかでやさしい顔つき。「—に接する」

吉相　きっ そう　よい運勢の表れた人相。

紅顔　こう がん　年若い男の、血色がよくて皮膚につやがある顔。「—の美少年」

厚顔　こう がん　あつかましく、ずうずうしいこと。

地蔵顔　じ ぞう がお　地蔵のような円く、柔和な顔。

下膨れ　しも ぶく　(顔の)下の方が膨らんでいること。

赭顔　しゃ がん　赤い顔。「白髪—の男」

蛸入道　たこ にゅう どう　①タコのこと。②坊主頭の者をあざけっていう語。
＊「入道」は僧のこと。僧の頭に見立てた語。

狆くしゃ　ちん　鼻が低く、くしゃくしゃとした感じの顔。
＊狆(犬の一品種)がくしゃみをしたような顔の意。

面構え　つら がまえ　(悪そうな、または強そうな)顔つき。

面魂　つら だましい　強くはげしい性格や精神が表れている顔つき。

天顔　てん がん　天子の顔。類竜顔　「—に咫尺する〔＝天皇のそばに仕える〕」

童顔　どう がん　子供の顔。また子供っぽさのある(あどけない)顔つき。

桃李の顔　とう り の かんばせ　桃やスモモの花のように美しい容貌。

白皙　はく せき　肌の色の白いこと。「—の美青年」

白面　はく めん　色が白く弱々しい顔。「—の書生」

髭面　ひげ づら　ひげを生やした顔。「—の大男」

芙蓉の顔　ふ よう の かんばせ　ハスの花のように美しい顔。

細面　ほそ おもて　ほっそりした顔つき。「—の美人」

丸顔　まる がお　輪郭の丸い顔。「愛嬌のある—」

老顔　ろう がん　年老いて衰えた顔かたち。「—に皺を寄せた」

ロマンスグレー　主に男性の(上品な)白髪まじりの頭。またそのような頭髪の人。

顔が輝く
喜びの表情を浮かべる。

顔がゆがむ
不快な表情になる。

顔から火が出る
恥ずかしくて顔がまっかになるさま。

顔で笑って心で泣く
外見はほがらかそうだが、実際は悲しみをこらえているさま。

顔に書いてある
気持ちや心の動きが顔にあらわれている。

顔に出る
気持ちや感情が表情に表われる。

顔に火を焚く
恥ずかしさや怒りなどのために顔を赤くする。類顔に紅葉を散らす

顔色を失う
恐れ、驚き、羞恥などのために平常の顔色が失われる。

鬼面仏心
顔は鬼のように恐ろしいが心は仏のように慈悲深いこと。

首を縦に振る
承諾すること。

首を横に振る
否定・拒否すること。

十三月なる顔付き
1年は12か月しかないのに13か月もあると思っているようなのんきな顔つき。

知らぬ顔の半兵衛
知らん顔をして少しも取り合わないこと。

人面獣心
顔は人だが心は獣のような、人間らしい心をもたない人。

苦虫を噛み潰したよう
ひどくにがにがしい顔をするようす。

蓬頭垢面
乱れた髪とあか染みた顔。

フェース・ベビーフェース・ポーカーフェース・マスク・ルックス・ヘッド

ニコニコ・ぶんぶん・こくり・つるつる・ぴかぴか・つんつるてん

人面犬・人面魚

塩顔・醤油顔・ソース顔

腹・背

→ 手／足／顔・頭

基本の表現
$$\begin{bmatrix} 腹 \cdot お腹 \cdot 腹部 \cdot 臍 \cdot 背 \cdot 背中 \cdot \\ 腰 \cdot 身体 \cdot 人体 \cdot 胴体 \end{bmatrix}$$

腹

下腹（か ふく）腹の下の部分。**したはら**ともいう。

「―に力を入れる」

下腹部（か ふく ぶ）したはらの部分。また、陰部。

「―が痛む」

粥腹（かゆ ばら）粥で食事をすませて力のはいらない腹具合。

「―では力仕事はできない」

胸腹（きょう ふく）胸と腹。

空腹（くう ふく）腹がへること。

「―で酒を飲まない方が良い」

口腹（こう ふく）口と腹。また、飲み食い。

「―を満たす」

小腹（こ ばら）腹。

「―がすく」

上腹部（じょう ふく ぶ）腹のへそより上の部分。

皺腹（しわ ばら）（老人の）しわの寄った腹。

「―を切る」

空きっ腹（す きっ ばら）「すきはら」の転。空腹。

「―にこたえる」

太鼓腹（たい こ ばら）太鼓の胴のように膨らんでいる腹。

「―を突き出す」

大腹（たい ふく）大きな腹。

鱈腹（たら ふく）腹いっぱい。

「ごちそうを―いただいた」

＊「鱈腹」は当て字。

茶腹（ちゃ ばら）茶をたくさん飲んでいっぱいになった腹具合。

「―も一時」

土手っ腹（ど て ばら）腹。

「―に風穴を開ける」

腹白（はら じろ）腹の白いこと。

腹筋（はら すじ）腹部の筋肉。

「―を縒る」

腹形（はら なり）腹の形。

腹内（はら ぬち）（「はら」の「うち」の変化）腹の中。

脾腹（ひ ばら）腹の横側。

「槍が―を貫いた」

腹囲（ふく い）腹の周囲の寸法。

「―を測定する」

腹中（ふく ちゅう）腹の中。また、心の中。

「―を探る」

腹背（ふく はい）①腹と背。②前後。

「―に敵を受ける」

太腹（ふと ばら）①ふとっぱら。②肥え太った腹。

飽腹（ほう ふく）腹がいっぱいになる。飽食。

抱腹（ほう ふく）腹を抱えて大笑いすること。
「―絶倒」
＊「捧腹」の誤用による慣用。

布袋腹（ほ てい ばら）布袋のように肥満して突き出た大きな腹。

鳩尾（みぞ おち）胸と腹の間にあるくぼみ。**み ぞおち**ともいう。
「―を突かれて気絶した」

水腹（みず ばら）水気のものをたくさん飲んだときの腹具合。

横腹（よこ ばら）腹の横側。
「車の―を電柱でこする」

脇腹（わき ばら）腹の横側。
「―を下にして横になる」

背

肩背（かた せ）肩や背。
「丸い―をさらに丸くした」

亀背（き はい）脊柱の一部が突出して、後方への湾曲を示すもの。
「―の老人」

胸背（きょう はい）胸と背。前と後ろ。
「―の敵」

後背（こう はい）うしろ。
「―地」

脊背（せき はい）背中。

背甲（せ こう）背中。

背肉（せ じし）背中の肉。
「盛り上がった―」

背筋（せ すじ）背中を縦に走る中心線。
「―が寒くなる〔＝恐怖などでぞっとする〕」

背丈（せ たけ）身長。
「―が伸びる」

側背（そく はい）わきと後ろ。
「―に迫る」

猫背（ねこ ぜ）背が後方に丸く曲がり、首が前に出た状態。
「―の若者」

背汗（はい かん）背に冷汗をかくこと。
「赤面―」

背部（はい ぶ）背の部分。
「敵の―を突く」

背面（はい めん）後ろ側。
「―攻撃」

腰

浮き腰（う ごし）不安定な腰つき。力の入っていない腰。及び腰。**類** 屁っ放り腰

蝦腰（えび ごし）（老人などの）エビのように曲がった腰。**海老腰**とも書く。

及び腰（およ ごし）腰をかがめて遠くのものを取ろうと手を伸ばした不安定な姿勢。

中腰（ちゅう ごし）ひざと腰をすこしかがめた立ちかけのような姿勢。

逃げ腰（に ごし）逃げようとする腰つき。また、責任を逃れようとする態度。

細腰（ほそ ごし）（女性の）ほっそりとした腰。柳腰。**さいよう**ともいう。

丸腰（まる ごし）武士が腰に刀を差していないこと。武器を何も持っていな

いこと。

柳腰 やなぎごし （女性の）細くしなやかな腰。りゅうようともいう。

体

一身 いっしん ①一人の体。②自分の体。
「―を顧みず」

上背 うわぜい 立ったときの背丈。
「―のある男性」

魁偉 かいい 体格や顔つきが人並みはずれて大きく、立派であること。
「容貌―」

巨軀 きょく 極めて大きな体。
「堂々とした―」

巨体 きょたい 非常に大きなからだ。
「―をもてあます」

軀幹 くかん からだ。特に、頭部・四肢などを除いた部分。
「―長大」

上体 じょうたい 上半身。
「―を起こす」

生体 せいたい 生きているもの。
「―実験」

聖体 せいたい ①天皇の体。②キリストの体。

背格好 せかっこう 身長と体つき。せいかっこう。
「そっくりの―」

痩軀 そうく 痩せたからだ。
「長身―」

大塊 たいかい 体格が大きいさま。

体軀 たいく からだ。
「立派な―」

丹田 たんでん 東洋医学で、臍の下のあたりをいう。
「臍下―」

中肉中背 ちゅうにくちゅうぜい 身長も体重も普通であること。
「―の男」

肉体 にくたい 人間のなまみのからだ。
「―美」

太り肉 ふとじし 肉づきのいいこと。
「―の体」

骨身 ほねみ 骨と肉。全身。
「―に堪える／―を削る」

身柄 みがら 身体。
「―を拘束する」

身の丈 みのたけ 頭の先から足までの長さ。
「―五尺にも足りない」

裸体 らたい 衣服をつけていないはだかのからだ。
「―画」

老体 ろうたい 年をとって衰えた体。
「御―」

その他の表現

バック・ウエスト
ぽんぽん・でっぷり・ぐんぐん・
すらりと・ひょろっと

目

→ 眉

基本の表現
目・片目・眼球・肉眼・目付き・
目の玉・目玉・両眼・両目

青目 (あおめ) 虹彩が青色をしている目。転じて、西洋人。

上がり目 (あがりめ) 目じりが上に上がった目。

「一下がり目、ぐるっと回って猫の目」

赤目 (あかめ) 赤く充血した目。

当眼 (あたりまなこ) 当たり散らす目つき・態度。

一眼 (いちがん) ひとつの目。

上目 (うわめ) 上の方を見る目つき。

「一をつかう」

遠視 (えんし) 近くがよく見えない状態。

大目玉 (おおめだま) ①ぎょろりとした大きな目玉。

②目上の人がひどくしかること。

角膜 (かくまく) 眼球の前面中央にある透明な膜。

霞目 (かすみめ) かすんだ目。翳目とも書く。

「疲れると一がひどくなる」

金壺眼 (かなつぼまなこ) 眼窩の落ちくぼんだ丸い眼。

「一を光らせる」

眼窩 (がんか) 眼球の入るくぼみ。また、目。

「一に収まる」

眼瞼 (がんけん) まぶた。

「一閉鎖反射」

眼色 (がんしょく) 目の色。

「親しげな一」

眼睛 (がんせい) ひとみ。また、目。

「老先生の一を正視した」

眼中 (がんちゅう) 目の中。目に映る範囲内。

「出世など一にない」

義眼 (ぎがん) 人工の眼球。類入れ目

「左目は一だ」

近視 (きんし) 遠くの物がはっきり見えない状態。

「一眼的な発想」

黒目 (くろめ) 眼球の中央の円く黒い部分。

「一がちのかわいらしい少女」

結膜 (けつまく) まぶたの裏面と眼球の白目部分をおおう薄い膜。

虹彩 (こうさい) 眼球の角膜と水晶体の間にある輪状の薄い膜。

下がり目 (さがりめ) 目尻の下がっている目。

三白眼 (さんぱくがん) 黒目が上方に寄って、左右と下方の三方が白目になっているもの。凶相という。

「一の凶賊」

斜視 (しゃし) 両眼で物を見るとき、一眼が正しく目標に向かわない状態。

硝子体（しょうしたい）眼球の球内を満たしている透明な寒天様物質。

睫毛（しょうもう）まつ毛。

白目（しろめ）①眼球の白い部分。②白目の多い目つき。「—でにらむ」

酔眼（すいがん）酒に酔ってとろんとした目。「—朦朧（もうろう）」

水晶体（すいしょうたい）眼球のレンズ状の透明な構造体。

青眼（せいがん）歓迎する目つき。対白眼
* 好む人は青眼で、嫌な人を白眼で迎えたという故事から。

青白眼（せいはくがん）親しみを表す目つきと憎しみの表れた目つき。

隻眼（せきがん）片目が見えないこと。「—の戦国武将」

千里眼（せんりがん）遠く離れた土地の事や未来を知りうる能力。

双眸（そうぼう）左右のひとみ。「—に強い決意の色をみなぎらせる」

垂れ目（たれめ）目尻の下がった目。「—でタヌキのような顔だ」

単眼（たんがん）昆虫類などにみられる小型で単純な構造のレンズ眼。

血眼（ちまなこ）①（逆上で）血走った目。②（逆上して正気を失ったように）走りまわること。「—になって捜す」

血目（ちめ）充血した目。

吊り目（つりめ）目じりがつり上がった目。

出目（でめ）普通より飛び出した目。

天眼（てんがん）何事でも見通す目。

点眼（てんがん）目薬をさすこと。「—薬」

瞳孔（どうこう）虹彩の中央の穴。「—が開く」

遠目（とおめ）遠くから見た感じ。また、遠くの方がよく見えること。「—が利く」

鳥目（とりめ）夜盲症の通称。薄暗くなると目が見えにくくなること。

団栗眼（どんぐりまなこ）丸くてくりくりしている大きな目。「—の赤ちゃん」

流し目（ながしめ）①横目で見ること。②関心を表した目つき。「—に見る」

寝惚け眼（ねぼけまなこ）ねぼけた目つき。「—をこすりながら起きる」

白眼（はくがん）①しろめ。②冷たい目つき。対青眼「—視」
* 気にいらない人を白眼で迎えたという「晋書」の故事から。

一皮目（ひとかわめ）上まぶたに横ひだがなく一重であること。一重まぶた。「きれ長の—」

瞳（ひとみ）眼球の中心にある黒く丸い部分。「つぶらな—」

複眼（ふくがん）昆虫などで個眼が蜂の巣状に多数集まった目。

131

伏し目 (ふ・め) 視線を下に向けること。「―がちに話す」

二皮目 (ふた・かわ・め) 二重まぶた。

芙蓉の眥 (ふ・よう・まなじり) ハスの花のように美しい目元。

碧眼 (へき・がん) 青い目。「紅毛―」

眸子 (ぼう・し) ひとみ。「漆黒の―」

星目 (ほし・め) 角膜や結膜にできる栗粒大の白い斑点。

細目 (ほそ・め) 少しだけ開いた目。

眼間 (まな・かい) 目と目の間。

眥 (まなじり) (目の後ろの意)目尻。眦とも書く。「―を決する〔=目を大きく見開く〕」

瞼 (まぶた) 目を覆う皮。「―が重くなる」 ＊目ｍの蓋ｔの意。

目縁 (ま・ぶち) 目のふち。「酒で―を赤くする」

目頭 (め・がしら) 目の、鼻に近い端。「―をぬぐう」

目角 (め・かど) 目じり。「―を立てる」

目腐れ (め・くされ) 眼病のため、目の縁がただれていること。

目性 (め・しょう) 目の素質。「―が弱い」

目尻 (め・じり) 目の、耳に近い端。「―に皺ｓが寄る」

目を落とす (め・お・とす) 視線を下に向けること。

蒙古襞 (もう・こ・ひだ) 上まぶたの鼻筋寄りが小さなひだとなって目頭の部分にかぶさっているもの。

盲点 (もう・てん) ①網膜にある、視神経が眼球に入る部分。光を感知できない(物が見えない)。②気づかず見落としてしまう部分。

網膜 (もう・まく) 眼球内壁を覆う膜。「―剥離」

藪睨み (やぶ・にら・み) 斜視。

横目 (よこ・め) 横を見る目。「―でにらむ」

夜の目 (よ・の・め) よるの目。「―も寝ずに〔=一晩じゅう眠らないで〕」

夜目 (よ・め) 夜、暗い中で見ること。「―にもそれと分かる」

寄り目 (よ・め) 物を見つめたとき、一方の眼球が内側に寄るもの。

裸眼 (ら・がん) 眼鏡なしの目。「―の視力」

乱視 (らん・し) 角膜などがひずみ、物がゆがんで見える状態。

老眼 (ろう・がん) 老化により目の調節機能が低下し、近くのものが見えにくくなる現象。また、その目。

その他の表現

アイ・アイボール・アイライン
ぎらりと・くりくり・くるくる・
ぱちくり・ぱちぱち・ぱっちり

鼻・耳

→ 顔・頭／目／口・歯

基本の表現 [鼻(はな)・耳(みみ)・耳(みみ)たぶ・耳元(みみもと)]

鼻

赤鼻(あかはな) 色の赤い鼻。
「酒飲みの―」

胡坐鼻(あぐらはな) あぐらをかいたように低くて横に広い鼻。

雨承け鼻(あまうけはな) 穴が上を向いた鼻。

怒り鼻(いかりはな) 小鼻が横にひろがっている鼻。

鉤鼻(かぎばな) 鼻柱が鉤のように鋭くとがり曲がっている鼻。わしばな。

小鼻(こばな) 鼻の先の左右の膨らんだ部分。
「―をうごめかす」

石榴鼻(ざくろばな) 鼻の頭が赤くふくれ、ぶつぶつしてザクロの実のように見えるもの。

獅子鼻(ししばな) 低く小鼻の広がった鼻。獅子っ鼻。
＊獅子頭の鼻に似ていることから。

団子鼻(だんごばな) 先が団子のようにまるいはな。団子っ鼻。

段鼻(だんばな) 鼻筋に段のある鼻。

点鼻(てんび) 薬を鼻腔に滴下すること。
「―薬」

覗き鼻(のぞきばな) 穴が上に向いている鼻。

箸に目鼻(はしにめはな) やせた人のたとえ。

蓮切鼻(はすきりばな) 低くてレンコンの切り口のように穴が上に向いた鼻。

鼻先(はなさき) ①鼻の先端。
②目の前。

鼻下(はなした) 鼻の下。びかともいう。
「―長」

鼻筋(はなすじ) 眉間(みけん)から鼻の先までの線。
「―の通った風采(ふうさい)の良い紳士」

鼻面(はなづら) 鼻の先。
「膝(ひざ)に―を擦り付ける」

鼻柱(はなばしら) ①鼻の左右の穴を隔てている壁。
②鼻筋の骨。

鼻ぺちゃ(はなぺちゃ) 鼻がつぶれたように低いこと。

鼻溝(はなみぞ) 鼻の下から上唇にかけて、縦にくぼんでいる部分。

鼻道(はなみち) 鼻筋。

鼻持ちならない(はなもちならない) 臭気が甚だしくて耐えられない。転じて、言動などが嫌味で、見聞きするに堪えない。

鼻元(はなもと) 鼻の付け根。
「―思案」

133

引目鉤鼻 ひきめかぎばな 人物の描き方で、下ぶくれの顔に目は墨で細長く、鼻はくの字に描くもの。

鼻口 びこう ①鼻と口。
②鼻の穴の入り口。

鼻孔 びこう 鼻のあな。医学では「びくう」ともいう。

鼻翼 びよく 鼻の先の、左右両端にふくれている部分。こばな。

鼻梁 びりょう はなすじ。「—が高い」

隆鼻 りゅうび 鼻筋の通った高い鼻。「—手術」

鷲鼻 わしばな 鷲のくちばしのように先が鋭く下に曲がった鼻。

耳

兎耳 うさぎみみ 耳の長いこと。

鳶目兎耳 えんもくとじ よく見える目とよく聞こえる耳の意で、新聞・雑誌・放送などの報道関係者にいう。

外耳 がいじ 聴覚器のうち、鼓膜より外の部分。

鼓膜 こまく 耳孔の奥にあって外耳と中耳との境にある、薄い膜。

三半規管 さんはんきかん 内耳にあり、平衡感覚を司る器官。

耳介 じかい 外耳の最外部。集音器の役割を果たす貝殻状の部分。

地獄耳 じごくみみ 人の秘密などをすばやく聞きつけること。

耳朶 じだ 耳たぶ。「—に触れる」

耳翼 じよく 耳たぶ。

空耳 そらみみ ①声や物音がしないのに聞いたように思うこと。
②聞こえないふりをすること。

垂れ耳 たれみみ ①耳たぶがたれるほど大きな耳。
②犬やウサギなどの立っていない耳。

中耳 ちゅうじ 外耳と内耳との中間。

聴官 ちょうかん 聴覚器。

内耳 ないじ 脊椎動物の耳の最奥部。

猫耳 ねこみみ ①湿性耳垢のこと。
②猫の耳（の形のかざり）。

早耳 はやみみ 物事を早く聞きつけること。

僻耳 ひがみみ 聞き違えること。「老いの—」

福耳 ふくみみ 耳たぶの大きい耳。「—の子供」

袋耳 ふくろみみ 一度聞いたことは決して忘れないこと。

余所耳 よそみみ よそながら聞くこと。

口・歯

→ 声／ひげ

基本の表現
[口・牙・入れ歯・奥歯・
歯・歯茎・虫歯・歯並び]

□

受け口
①物品の受け入れ口。
②上顎よりも下顎の方が突き出た口。

上顎
上の部分の顎。じょうがくともいう。

桜唇
美女の小さく美しい唇を桜にたとえた語。

大口
①大きな口。「―を開けて笑う」
②偉そうなことを言うこと。
*おおぐちともいう。

おちょぼ口
小さくかわいい口。「―で笑う」

御壺口
おちょぼぐち。

頤を解く
顎が外れるほど大笑いする。
「抱腹絶倒の笑い話に―」

開口一番
口を開く最初。
「―、謝罪を口にした」

顎骨
顎の骨。

口先
①くちの端。「―をとがらせる」
②心のこもらないうわべだけの言葉。
「―だけの優しさ」

口付き
口の形。「あどけない―」

口許
口の辺り。口元とも書く。
「―を緩める」

口蓋
口腔の上壁。「―音」

口角
唇の両脇の部分。「―泡を飛ばす」

口唇
くちびる。「―期」

口中
口のなか。「―に含む」

口辺
口のあたり。「―に微笑を浮かべる」

下顎
下方の顎。かがくともいう。

垂口
唇のたれた口。

壺口
①壺の口。
②口をつぼめとがらすこと。

軟口蓋
口腔の奥の部分で、前方の硬口蓋に続く軟らかい部分。

鰐口
①神社仏閣の正面の軒につるされた金属製の音具。
②人の、大きな口をあざけっていう語。がま口。

135

人
口・歯

糸切り歯 いときりば 犬歯のこと。「―でかみ切る」
＊糸を切る時に用いることから。

齲歯 うし むしば。「―が痛む」

上歯 うわば 上の歯ぐきについている歯。

永久歯 えいきゅうし （乳歯が抜けたあとに生える）一生抜けかわらない歯。「―が生えそろう」

恵比須歯 えびすば 前歯のうち、右の歯の俗称。

鬼歯 おにば 牙のように外に向かって生えた八重歯。

鉄漿 おはぐろ 歯を黒く染めること。かねつけ。かね。**御歯黒**とも書く。
＊江戸時代には、既婚女性のしるしとしておこなわれた。

親知らず おやしらず ヒトの歯のうちで最も遅く生える第三大臼歯のこと。知恵歯。知歯。

架工歯 かこうし 抜けた歯の両隣の歯を支えにして入れた義歯。ブリッジ。

仮歯 かし 入れ歯。

眼歯 がんし 上顎に生えている犬歯。

義歯 ぎし 入れ歯。「―を外す」

臼歯 きゅうし ①奥歯。②すり減って臼のようになっている老人の歯。
＊うすばともいう。

玉歯 ぎょくし 天子の歯。

金歯 きんば 金冠をかぶせた歯。「―を売る」

銀歯 ぎんば 銀冠をかぶせた歯。「―を見せてにやりと笑った」

犬歯 けんし 上下左右の門歯と臼歯の間にある4本の歯。「鋭い―」

皓歯 こうし まっ白できれいな歯。「明眸ぼう―」

差し歯 さしば ①足駄に歯を入れること。②歯が欠けたとき、根に小さな穴をあけて差し入れる人工の歯。
類**継ぎ歯**

歯牙 しが 歯と牙。また、言葉。「―にもかけない」

歯冠 しかん 歯ぐきから露出している部分。

歯齦 しぎん 歯ぐき。「桃色の―」

歯根 しこん 歯ぐきの中に埋まっている部分。

歯槽 しそう 歯根を入れている上下の顎骨の穴。「―膿漏ろう」

下歯 したば 下の歯茎に生えた歯。

歯肉 しにく 歯根の周囲の口腔粘膜。はにく。歯茎。歯齦ぎん。「―炎」

歯列 しれつ 歯並び。「美しい―／―矯正」

透き歯 すきば 歯と歯の間にすきまのある歯ならび。

せっ し
切歯 歯ぎしりすること。
「—扼腕（やくわん）」

ぜん し
前歯 口の前面に生えている歯。

そ い ば
添い歯 八重歯。

そう い ば
総入れ歯 自分の歯が全くない場合に用いる義歯。

そ ば
反っ歯 前歯が普通より前に突き出ているもの。

そ ば
染め歯 鉄漿（かね）で染めた歯。おはぐろ。

だい こく ば
大黒歯 前歯のうち、左の歯の俗称。

ち え ば
知恵歯 （知恵がついてから生えることから）親知らず。

ち し
知歯 いちばん奥にある大臼歯。親知らず。

つ ば
継ぎ歯 歯の悪い部分を削り取って人造の歯を継ぎ足すこと。

で ば
出っ歯 上の前歯が普通より前に出ていること。

なす び ば
茄子歯 ①黒くなった虫歯。
②おはぐろで染めた歯。

にゅう し
乳歯 最初に生える—そろいの歯。

は がた
歯形 ①歯でかんだあと。
「—がつくほどかまれる」
②歯並びをうつしとった型。
「—を取る」
＊歯型とも書く。

は ぬ
歯抜け 歯が抜けていること。
「—の爺さん」

みず ば
瑞歯 ①みずみずしい歯。
②老人の歯が抜け落ちてから再び生えたもの。

み そ ば
味噌っ歯 欠けて黒っぽくなった歯。

もん し
門歯 歯列の中央部の歯。

や え ば
八重歯 普通に生えている歯のわきに重なるように生える歯。
「笑うと—が見える」

らん ぐい し
乱杭歯 ひどく不ぞろいに生えた歯。
「煙草で黄色くなった—」

その他の表現

マウス・リップ・タン・トゥース

ぽかんと・あぐあぐ・ぱくぱく・かちかち・がちがち

137

髪

→ 顔・頭／ひげ／眉

基本の表現
[髪・頭髪・毛髪・髪形・髪の毛・前髪・
黒髪・白髪・茶髪・長髪・短髪・禿げ]

髪

洗い髪（あらいがみ） 洗いたての髪。[夏]

遺髪（いはつ） 故人の形見の頭髪。
「戦友の—を家族に渡す」

襟髪（えりがみ） 首の後ろの部分の髪。
「—を摑む」

御髪（おぐし） 他人の頭髪の敬称。
「きれいな—ですね」

毛筋（けすじ） 一本一本の髪の毛。
「—ほども疑わない」

毫髪（ごうはつ） 細い毛の意から、ほんの少し。
「—も余裕がない」

小鬢（こびん） 髪のびん。
「—に白髪が見え始める」

地毛（じげ） 自前の髪の毛。**國地髪（じがみ）**
「—で島田を結う」

須髪（しゅはつ） あごひげと髪。**鬚髪**とも書く。

旋毛（せんもう） つむじに渦巻き状に生えている毛。

そそけ髪（がみ） 乱れた髪。
「鬢の—」

禿頭（とくとう） はげあたま。
「—の男」

怒髪（どはつ） 激しい怒りのために逆立った毛髪。

「—天をつく」

抜け毛（ぬけげ） 抜け落ちた髪の毛。
「ストレスも—の原因になる」

濡れ髪（ぬれがみ） 洗ったあと、まだ乾いていない髪。

寝癖（ねぐせ） 寝ている間に髪の毛についたくせ。
「—のついた髪」

寝腐れ髪（ねくたれがみ） 寝て乱れた髪。

猫っ毛（ねこっけ） 猫の毛のように、やわらかい頭髪。
「—は髪のボリュームが少ない」

寝乱れ髪（ねみだれがみ） 寝たために乱れた髪。
「—で人前に出る」

禿ちょろ（はげちょろ） ところどころはげていること。

髪膚（はっぷ） ①頭髪と皮膚。②からだ。
「身体—」

美髪（びはつ） 美しい頭髪。
「漆黒の—」

病髪（びょうはつ） 病気中の頭髪。

鬢（びん） 頭の左右側面の髪。
「—に白いものがまじる」

138

鬢髪 びんぱつ 鬢の毛。
「—をそよがす風」

乱れ髪 みだれがみ ばらばらに乱れた髪。乱し髪。

揉み上げ もみあげ 髪の毛が耳の前に細く生え下がった部分。
「—を長く伸ばす」

髪の色

赤毛 あかげ 赤みを帯びた髪の毛。
「—の少女」

一夜白髪 いちやはくはつ 苦悩のあまりに、一夜のうちに頭髪が白くなってしまうこと。

艾髪 がいはつ 老人の髪。＊艾よもぎのように白く色あせた髪の意。

鶴髪 かくはつ ツルの羽毛のように真っ白な髪。
「童顔—」

寡髪 かはつ 頭髪の少ないこと。

華髪 かはつ 白髪。

烏の髪 からすのかみ 黒くつやのある髪。

銀髪 ぎんぱつ 白髪。
「—の老婦人」

癖毛 くせげ ちぢれたり、波うったりする毛髪。くせっ毛。
「父譲りの—」

黄髪 こうはつ 老人の黄色い髪。

紅毛 こうもう あかい髪の毛。あかげ。
「—碧眼へきがん」

剛毛 ごうもう かたい毛。
「—が密生している」

縮毛 しゅくもう 波状にちぢれている毛。
「—矯正」

翠髪 すいはつ みどりの髪。つややかな黒髪。

霜髪 そうはつ 霜をおいたように白い髪。
「—の老紳士」

半白 はんぱく 白髪まじりの頭髪。
「—の頭」

蓬髪 ほうはつ 長く伸びてくしゃくしゃに乱れた髪。
「—垢面こうめん」

緑の黒髪 みどりのくろかみ 女性の髪をほめていう語。

柳髪 やなぎがみ 女性の髪の毛が長くしなやかなことを、柳が風になびくさまにたとえた語。柳の髪。
「黒々とした—」

緑髪 りょくはつ つやのある黒髪。

若白髪 わかしらが まだ若いのに白髪があること。
「苦労のせいか—になった」

髪を切る

頭を丸める あたまをまるめる 髪を剃そって出家する。類頭を剃る

髪を下ろす かみをおろす ①髪を切って仏門に入る。
②髪を結ばずに下に垂らす。

削髪 さくはつ 髪を剃ること。

散髪 さんぱつ 髪を刈って形をととのえること。
「—に行く」

祝髪 髪を剃り、仏門に入ること。
「—して名を改めた」
＊「祝」は断つ意。

整髪 髪の形を整えること。
「—料」

洗髪 髪を洗うこと。

断髪 （髷に結っていた）髪を切ること。

調髪 髪を整えること。
「—師」

剃髪 （仏門に入って）頭髪をそり落とすこと。類 薙髪

「—して僧となった」

落髪 頭髪をそり落として僧侶となること。
「無常を観じて—した」

理髪 （主に男性の）髪を刈ってととのえること。調髪。

髪形

銀杏返し 江戸時代末期に広まった女性の髪形で、もとどりの上を左右に分けて半円形に結んだもの。

入れ髪 髪を結うとき、足し添えに入れる髪。

髫髪子 髪を首のあたりに垂らしている子供。

有髪 仏門にはいった人が髪をそらないでいること。
「—の僧」

後れ毛 短くて結えないために残る毛。
「一筋の—もない」

お下げ 編んで肩のあたりに垂らす髪の結い方。
「髪を—にした少女」

仮髪 添え髪。かつらともいう。
「ルイ王朝時代の—」

髢 女性の髪にそえ加える髪の毛。

切り下げ髪 髪の毛を首のつけ根のあたりで切りそろえて垂らしたもの。
「—の隠居」

櫛巻き 女性の髪の結い方で、ひもを使わず、髪の毛を櫛に巻き付けて丸めて後頭部でとめた簡便なもの。
「髪を—にした女」

ざんばら髪 ばらばらに乱れた髪。

島田髷 婚礼の髪形とされている日本髪の髪形。島田。

垂髪 背後に長く垂れた髪。

総髪 髪の毛全体を伸ばして、後ろで束ねるもの。
「江戸時代の医者のような—」

束髪 髪を束ねて結うこと。
「—に結う」

高島田 女性の日本髪の結い方で、島田髷の根を高くあげて結うもの。
「文金の—」

髱 日本髪で、襟足にそって背中の方に張り出した部分。

稚児髷 少女の髪形。もとどりを左右に分けて、輪をつくるも

の。ちごわげ。ちごわ。

丁髷 ^{ちょんまげ} 江戸時代の男性の髪形。
「—の侍」

潰し島田 ^{つぶ しま だ} 女性の髪の結い方で、島田まげのまげの部分を低く押しつぶしたように結ったもの。
「粋な—」

日本髪 ^{に ほん がみ} 日本女性の伝統的な髪形の総称。
「着物に—の女性」

初髪 ^{はつ かみ} 新年に、初めて女性が髪を結うこと。[新年]

庇髪 ^{ひさし がみ} 束髪で前髪を前に突き出して結う結い方。
「—の女学生」

被髪 ^{ひ はつ} 髪を結ばないで、自然のままに垂らしておくこと。

振り分け髪 ^{ふ わ がみ} 左右に分けて垂らした、子供の髪形。
「まだ—の頃から」

弁髪 ^{べん ぱつ} 頭髪の一部を編んで垂らし、他をそり落とす髪形。
「中国人の—」

髷 ^{まげ} 髪を頭頂で束ねて、折り返したりした部分。

丸髷 ^{まる まげ} 日本髪で、丸めた前髪の後ろに、楕円形のやや平たいまげをつけたもの。

髻 ^{もとどり} 日本髪で、髪を頭上に集め束ねたところ。たぶさ。

桃割れ ^{もも わ} 日本髪で、髻を二つに分け、割った桃のように丸く輪に結ったもの。
「—の娘たち」

洋髪 ^{よう はつ} 西洋風の髪の結い方。

人

髪

その他の表現

アップ・アフロヘア・ウィッグ・ウェーブ・エクステ・オールバック・カーリーヘア・カール・カット・ショートヘア・スキンヘッド・ストレート・セミロング・ソバージュ・ドレッドヘア・パーマ・ブロンド・ヘア・ヘアスタイル・ベリーショート・ポニーテール・ボブ・モヒカン・リーゼント・ロングヘア・ロン毛・ワンレングス・アホ毛・無造作ヘア

クルクル・ゴワゴワ・サラサラ・ツヤツヤ・つるりと・つんつん・バサバサ・ぱさぱさ・ぼうぼう・ぼさぼさ・モジャモジャ

ひげ

→ 髪／口・歯

基本の表現 [髭・鬚・髯]

◆「髭」は口ひげ、「鬚」はあごひげ、「髯」はほおひげ。総称としては「髭」を使うことが多い。

青髭 <ruby>青<rt>あお</rt></ruby><ruby>髭<rt>ひげ</rt></ruby> ①濃いひげをそったあと。②歌舞伎で敵役などの顔の化粧法。
＊ペローの童話「青ひげ」は金などを目当てに何人もの妻を殺す男の話。

赤髭 <ruby>赤<rt>あか</rt></ruby><ruby>髭<rt>ひげ</rt></ruby> 赤いひげ。西洋人をののしっていう語。

顎鬚 <ruby>顎<rt>あご</rt></ruby><ruby>鬚<rt>ひげ</rt></ruby> したあごに生えるひげ。顎髭とも書く。
「白く長い—を生やしている」

上髭 <ruby>上<rt>うわ</rt></ruby><ruby>髭<rt>ひげ</rt></ruby> 唇の上のひげ。

カイゼル髭 <ruby>髭<rt>ひげ</rt></ruby> ドイツ皇帝ウィルヘルム2世の髭のように両端のはねあがった口ひげ。
「—をひねり上げる」

鎌髭 <ruby>鎌<rt>かま</rt></ruby><ruby>髭<rt>ひげ</rt></ruby> 鼻の下から左右の頬へ太くはね上げて、鎌の形に伸ばしたひげ。
「—を撫でる」

銀髯 <ruby>銀<rt>ぎん</rt></ruby><ruby>髯<rt>ぜん</rt></ruby> 真っ白で美しいほおひげ。
「—の仙人」

口髭 <ruby>口<rt>くち</rt></ruby><ruby>髭<rt>ひげ</rt></ruby> 鼻の下に生やしたひげ。
「—をたくわえる」

紅髯 <ruby>紅<rt>こう</rt></ruby><ruby>髯<rt>ぜん</rt></ruby> ①赤いひげ。②西洋人の異名。
「紅毛—」

コールマン髭 <ruby>髭<rt>ひげ</rt></ruby> 短く刈り整えた口ひげ。
＊アメリカの映画俳優ロナルド・コールマンにちなむ。

胡鬚 <ruby>胡<rt>こ</rt></ruby><ruby>鬚<rt>ぜん</rt></ruby> あごひげ。
＊「胡」はあごの垂れた肉。

虎鬚 <ruby>虎<rt>こ</rt></ruby><ruby>鬚<rt>ぜん</rt></ruby> ①トラのひげ。②(トラのひげのような)毛がかたいひげ。いかめしいひげ。
「—を逆立てて大喝した」
＊とらひげともいう。

紫髯緑眼 <ruby>紫<rt>し</rt></ruby><ruby>髯<rt>ぜん</rt></ruby><ruby>緑<rt>りょく</rt></ruby><ruby>眼<rt>がん</rt></ruby> 赤いひげと青い目。中国で西方の異民族の容貌を形容した語。

鬚髯 <ruby>鬚<rt>しゅ</rt></ruby><ruby>髯<rt>ぜん</rt></ruby> あごひげとほおひげ。

白髭 <ruby>白<rt>しら</rt></ruby><ruby>髭<rt>ひげ</rt></ruby> 白いひげ。
「—の魔法使い」

霜髯 <ruby>霜<rt>そう</rt></ruby><ruby>髯<rt>ぜん</rt></ruby> 白いほおひげ。

疎髯 <ruby>疎<rt>そ</rt></ruby><ruby>髯<rt>ぜん</rt></ruby> まばらなひげ。

蓄髯 ちく ぜん ひげをはやしていること。

長髯 ちょう ぜん 長いほおひげ。
「—をしごく」

ちょび髭 ひげ 鼻の下にわずかに生やしたひげ。
「—の喜劇俳優」

付け髭 つ ひげ 人工的に作ったひげ。
「—をして変装する」

天神髭 てん じん ひげ 菅原道真のような、両端のさがった口ひげ。

泥鰌髭 どじょう ひげ ドジョウのひげのように、ほんの少しだけ生えている口ひげ。
「—の先から汗を垂らしている」

泥棒髭 どろ ぼう ひげ 口のまわりを一周しているひげのこと。
＊喜劇に登場する泥棒のようになることから。

鯰髭 なまず ひげ ナマズのひげのように細長い口ひげ。
「—をひねりながら話す」

白髯 はく ぜん 白いほおひげ。

八字髭 はち じ ひげ 八の字の形に、左右に分かれた口ひげ。
「いかめしい—」

髭もじゃ ひげ ひげがたくさん生えていること。

美髯 び ぜん 美しく立派なほおひげ。
「—公」

無精髭 ぶ しょう ひげ 伸びたひげ。
「—の汚い男」

頬髯 ほお ひげ 頬に生えたひげ。頬髭とも書く。

山羊髭 や ぎ ひげ あごの下に山羊のひげのように、長く垂れ下がっているひげ。

有髯 ゆう ぜん ひげをたくわえていること。
「—男子」

その他の表現

マスタッシュ・ビアード・ウィスカー

モジャモジャ・ぼうぼう・てんてん・ぼつぼつ

143

眉

→ 目

基本の表現 眉・眉毛・片眉・双眉

人

眉

まゆ

愛嬌眉
あいきょうまゆ 愛嬌のある眉。

煽眉
あおちまゆ 上下に動かせるように作った、操り人形の眉。

一文字眉
いちもんじまゆ 一文字を引いたように、きりっとした眉。

鶯眉
うぐいすまゆ 江戸時代に行われた眉の整え方。

大眉
おおまゆ まゆずみで、太く描いた眉。

置眉
おきまゆ 眉毛を抜いて別に墨で眉をかくこと。

男眉
おとこまゆ 女が男のように装った作り眉。

描き眉
かきまゆ 墨で眉を描くこと。

鈎眉
かぎまゆ 鈎のように折れ曲がった眉。

臥蚕眉
がさんび 眠期にある蚕のような形をした太い眉。

画眉
がび 眉墨で眉をえがくこと。

雲分眉
くもわけまゆ 江戸時代に行われた作り眉の一種で、眉毛をそりおとし、薄く墨であずきほどの大きさに描いたもの。

黒眉
くろまゆ 奥女中などの墨でかいた眉。

毛虫眉
けむしまゆ 太く濃い毛虫のような眉。圜蛾蜓眉

地蔵眉
じぞうまゆ 根元が太く、次第に細くなった丸みのある眉。

愁眉
しゅうび 心配して寄せたまゆ。「―を開く〔=ほっと安心する〕」

焦眉
しょうび 事態が非常に切迫していること。圜燃眉
＊眉を焦がすほど火が近づいている意から。

赤眉
せきび 標識のために、赤く染めた眉。「―の乱」

雪眉
せつび 雪のように白いまゆげ。

霜眉
そうび 白髪となったまゆげ。

黛眉
たいび まゆずみで描いた眉。

高眉
たかまゆ 平安時代、公卿が眉を剃り落として、その上に墨で二つの丸をかいたもの。圜殿上眉てんじょうまゆ・堂上眉どうじょうまゆ

作り眉
つくりまゆ 昔、結婚した女性が、眉を剃り、墨で眉の形を描いたこと。

144

展眉 てんび　心配がなくなり、しかめていた眉をのばすこと。

白眉 はくび　①白いまゆげ。
②最も傑出した者。
＊三国時代、蜀の馬良が、5人の兄弟の中で最も優秀で、その眉に白毛があったことから。

八字眉 はちじまゆ　八の字の形に下がった眉。

眉宇 びう　まゆのあたり。
＊「宇」は軒の意。眉を目の軒と見立てていう語。

引き眉 ひきまゆ　眉墨でかいた眉。引き眉毛。

眉雪 びせつ　老人の眉が雪のように白いこと。

眉相 びそう　まゆ。

眉黛 びたい　まゆずみ。

眉頭 びとう　眉の、顔の中央に近い部分。「―に皺を寄せる」

眉目 びもく　①眉と目。
②顔かたち。
「―秀麗」

細眉 ほそまゆ　細く長いまゆ。

本眉 ほんまゆ　墨で眉を描いた上に白粉を塗るもの。

眉際 まゆぎわ　眉毛の生えぎわ。

眉尻 まゆじり　眉の、こめかみに近い方の端。

黛 まゆずみ　眉を描くための墨。

眉潰し まゆつぶし　眉毛を塗りつぶすこと。

眉半 まゆなかば　眉の半分かくれる程度。

眉根 まゆね　眉の、顔の中央の側の端。「―を寄せる」

眉間 みけん　眉と眉との間。「―が割れて血が出た」

人

眉

美しいまゆ

糸眉 いとまゆ　糸のように細い、美しい眉。

遠山の眉 えんざんのまゆ　遠くの山のようにうすくなだらかに引いた美しい眉。類遠山眉とおやま

蛾眉 がび　①蛾の触角のような形の細く美しい眉。
②美人。

曲眉 きょくび　三日月形の美しいまゆ。類三日月眉

秀眉 しゅうび　美しい眉。「白皙―」

翠眉 すいび　みどり色の美しいまゆ。

眉山 びざん　①美人のまゆ。
②顔かたちの美しいさま。

柳眉 りゅうび　柳の葉のように細く美しい眉。「―を逆立てる」

その他の表現

アイブロウ

145

声

→ 口・歯

声

基本の表現 声・小声・大声・女声・男声・声援・声量・声色・美声・悲鳴・笑い声・泣き声・話し声

美しい声

鶯舌（おうぜつ） 鶯（うぐいす）の声。また、鶯のように美しい声のこと。

迦陵頻伽（かりょうびんが） 仏教で、雪山または極楽にいて、美しい声で鳴くという想像上の鳥。また、美声の芸妓。
「―の声」

嬌声（きょうせい） 女性のなまめかしい声。
「―を上げる」

玉音（ぎょくいん） ①玉のように清らかな音や声。②天皇の声。
「―放送」
＊ぎょくおんともいう。

金玉の声（きんぎょくのこえ） 美しい声。よい声。対悪声

吟声（ぎんせい） 詩歌を吟ずる声。
「朗々たる―」

好音（こういん） よい音色。また、美しい声。

錆声（さびごえ） 謡曲などの修練を経て、枯れて渋みのある声。寂声とも書く。

猫撫で声（ねこなでごえ） 猫を撫でたときのような、やさしくこびを含んだ甘ったるい声。
「―で謝ってきた」

不快な声

悪声（あくせい） ①不快な声。
「―の美女」
②よくない評判。

癇声（かんごえ） 癇癪（かんしゃく）を起こした人の高い声。
「―で叱責する」

鼾声（かんせい） いびきの音。
「雷のごとき―」

馬鹿声（ばかごえ） ばかのような声。
「―を張り上げる」

鼻声（はなごえ） ①風邪などで鼻の詰まったときの声。
②甘えたときに出す鼻にかかった声。
「―で物をねだる」

人間の声でないもの

霧の声（きりのこえ） 立ちこめた霧を通して聞こえてくる音。

蟬声（せんせい） 蟬（せみ）の鳴く声。また、蟬の鳴き声に似た絞り出すような声。

鳥声（ちょうせい） 鳥の鳴き声。
「―に親しむ」

鳴き声（なきごえ） 虫・鳥・獣などの鳴く声。
「アヒルの―」

砲声（ほうせい） 大砲を発射したときに起こる音。
「―がとどろく」

声

櫓声（ろせい） 櫓をこぐ音。櫓の音。
「きいきいと—が聞こえてきた」

和声（わせい） 音楽で、和音を継続的に連ねたもの。**かせい**ともいう。

大きい声

産声（うぶごえ） 赤ん坊が生まれて初めてあげる泣き声。
「元気な—を上げる」

売り声（うりごえ） 物を売る人が商品の名などを唱えて叫ぶ声。
「豆腐の—が近付いてくる」

勝鬨（かちどき） 勝ったときにあげる喜びの声。
「—を上げる」

金切り声（かなきりごえ） 金属を切る音のような、細かくかん高い声。
「—を上げる」

歓呼（かんこ） 喜んで大声をあげること。
「—して迎えた」

喚声（かんせい） 興奮して大声で叫ぶ声。
「群衆が興奮して—を上げる」

歓声（かんせい） 喜んであげる大声。
「朗報に—を上げる」

喊声（かんせい） 突撃する時などに発するわめき声。
「—を上げて突進する」

きいきい声（きいきいごえ） （女性や子供の）鋭く甲高い声。

黄色い声（きいろいこえ） （子供や若い女性の）甲高い声。
「—が上がる」

奇声（きせい） 奇妙な声。
「—を発する」

叫喚（きょうかん） 大声をあげて、わめくこと。
「阿鼻—」

叫号（きょうごう） 大声で叫び、わめくこと。
「人々が広場に集まり—する」

叫声（きょうせい） さけび声。

鯨波（げいは） ①大波。
②戦場であげる鬨の声。
「敵の—に驚いて逃げ惑う」

高声（こうしょう） 大きい声。高い声。**こうじょう**ともいう。

声山（こえやま） 大きな声。

声を振り絞る（こえをふりしぼる） あらん限りの声を出す。

哭声（こくせい） 泣き叫ぶ声。
「—を発する」

呼号（こごう） 大声で叫ぶこと。また、大げさに言いたてること。
「指揮官が台上から—しているようだ」

声高（こわだか） 声を高くはりあげるさま。
「—にののしる」

叫び声（さけびごえ） 叫ぶ声。叫び。
「深夜に—が響く」

疾呼（しっこ） 激しく早口で呼ぶこと。
「大声で友人の名を—する」

笑声（しょうせい） 笑い声。
「拍手と—が起きた」

白声（しらごえ） かん高い声。

声涙倶に下る（せいるいともにくだる） 怒ったり悲しみ嘆いたりして泣きながら語る。

大音声（だいおんじょう） 大きな声。
「破れ鐘のような—」

大喊（たいかん） 大声で勢いよく叫ぶこと。
「兵は—して敵陣になだれ込ん

147

だ」

濁声 だく せい　にごった声。**だみごえ**ともいう。

胴間声 どう ま ごえ　調子はずれの太く濁った下品な声。
「—を張り上げる」

尖り声 とが ごえ　かん高くとげとげしい声。**とんがりごえ**ともいう。

鬨の声 とき こえ　合戦で士気を上げるために一同が同時に発する叫び声。
「敵軍が—を上げる」

怒号 ど ごう　怒って大声で叫ぶこと。
「演説会は野次と—に包まれた」

どすの利いた声 ごえ　低く太くてすごみをきかせた声。どす声。
「—に圧倒される」

怒声 ど せい　おこった声。
「—を浴びた」

吶喊 とっ かん　大勢が一時に大声で叫ぶこと。
「—の声が響き渡り、軍勢が攻撃を開始した」

銅鑼声 ど ら ごえ　銅鑼のように太く濁った声。

罵声 ば せい　大声で悪口を言う声。
「—を浴びせる」

蛮声 ばん せい　下品で大きな声。
「酔漢が—を上げる」

呼び声 よ ごえ　呼ぶ声。呼びたてる声。また、評判や名声。
「遠くから—が聞こえる/早くも傑作の—が高い」

励声 れい せい　声をはりあげること。
「——番」

朗々 ろう ろう　声が大きく、はっきりしているさま。
「—と吟唱する」

喚き声 わめ ごえ　大声で叫びののしる声。

小さい声

呻き声 うめ ごえ　うめく声。
「苦しそうな—を発した」

風邪声 か ざ ごえ　かぜをひいている時の鼻がつまったりした声。

蚊の鳴くような声 か な ごえ　小さくてほとんど分からないくらいの声。

声を嗄らす こえ か　声を出しすぎてかすれる。

声を殺す こえ ころ　声を抑えて言う。

声を絞る こえ しぼ　①出ない声を無理に出す。
②声を小さくする。

声を呑む こえ の　声を出さず、だまる。また、強い驚きなどで声が出ない。

籠もり声 こ ごえ　こもってはっきりしない声。

忍び声 しの ごえ　人に聞こえないように低く話す声。

嗄れ声 しゃが ごえ　かすれてがさがさした声。
「—を出した」

引き入れ声 ひ い ごえ　息を吸い込むようにして、かすかにいう声。

微声 び せい　かすかな声。

含み声 <ruby>含<rt>ふく</rt></ruby>み<ruby>声<rt>ごえ</rt></ruby> 口の中でこもっているように聞こえる声。

震え声 <ruby>震<rt>ふる</rt></ruby>え<ruby>声<rt>ごえ</rt></ruby> ふるえながら出す声。「縮み上がって—を出している」

無声 <ruby>無<rt>む</rt></ruby><ruby>声<rt>せい</rt></ruby> 声・音のないこと。「—映画」

侘び声 <ruby>侘<rt>わ</rt></ruby>び<ruby>声<rt>ごえ</rt></ruby> わびしげな声。

声そのほか

一声 <ruby>一<rt>いっ</rt></ruby><ruby>声<rt>せい</rt></ruby> ひとこえ。また、一度だけ音を出すこと。「汽笛—」

歌声 <ruby>歌<rt>うた</rt></ruby><ruby>声<rt>ごえ</rt></ruby> 歌をうたう声。「—喫茶」

裏声 <ruby>裏<rt>うら</rt></ruby><ruby>声<rt>ごえ</rt></ruby> 地声では出せない高音域を出した声。「—は女性の声としか思えない」

音吐 <ruby>音<rt>おん</rt></ruby><ruby>吐<rt>と</rt></ruby> 声(の出し方)。「—朗々」

掛け声 <ruby>掛<rt>か</rt></ruby>け<ruby>声<rt>ごえ</rt></ruby> 人に呼びかける声。「—を掛ける」

喚呼 <ruby>喚<rt>かん</rt></ruby><ruby>呼<rt>こ</rt></ruby> 確認して声に出すこと。「指さし—」

擬声 <ruby>擬<rt>ぎ</rt></ruby><ruby>声<rt>せい</rt></ruby> 音声・音響をまねること。

声々 <ruby>声<rt>こえ</rt></ruby><ruby>声<rt>ごえ</rt></ruby> 多くの人が声に出して言うこと。「—に叫ぶ」

声を揃える <ruby>声<rt>こえ</rt></ruby>を<ruby>揃<rt>そろ</rt></ruby>える 皆が一緒に声を出す。

声を立てる <ruby>声<rt>こえ</rt></ruby>を<ruby>立<rt>た</rt></ruby>てる 声を発する。

声を使う <ruby>声<rt>こえ</rt></ruby>を<ruby>使<rt>つか</rt></ruby>う 声をよくするために発声練習をする。寒中に音曲の稽古をする。[冬]

声を作る <ruby>声<rt>こえ</rt></ruby>を<ruby>作<rt>つく</rt></ruby>る 他のものに似せた声をする。

声音 <ruby>声<rt>こわ</rt></ruby><ruby>音<rt>ね</rt></ruby> 声の様子・感じ。「怒ったような—」

声風 <ruby>声<rt>こわ</rt></ruby><ruby>風<rt>ぶり</rt></ruby> 声の調子。

混声 <ruby>混<rt>こん</rt></ruby><ruby>声<rt>せい</rt></ruby> 男声と女声との組み合わせ。「—合唱団」

地声 <ruby>地<rt>じ</rt></ruby><ruby>声<rt>ごえ</rt></ruby> ふだんの声。「—が大きい」

声明 <ruby>声<rt>しょうみょう</rt></ruby><ruby>明<rt>ごえ</rt></ruby> 声明を唱える声。*「声明」は法会で僧によって唱えられる声楽。

尻声 <ruby>尻<rt>しり</rt></ruby><ruby>声<rt>ごえ</rt></ruby> ①あとへ長く引く声。②声の終わりのほう。

人声 <ruby>人<rt>じん</rt></ruby><ruby>声<rt>せい</rt></ruby> 人の声。ひとごえともいう。

声域 <ruby>声<rt>せい</rt></ruby><ruby>域<rt>いき</rt></ruby> 発声できる高低の範囲。「広い—」

声楽 <ruby>声<rt>せい</rt></ruby><ruby>楽<rt>がく</rt></ruby> 人の声による音楽の総称。「—家」

声気 <ruby>声<rt>せい</rt></ruby><ruby>気<rt>き</rt></ruby> ①勢い。②声と気性。

声息 <ruby>声<rt>せい</rt></ruby><ruby>息<rt>そく</rt></ruby> ①声と息。②音信。

声帯 <ruby>声<rt>せい</rt></ruby><ruby>帯<rt>たい</rt></ruby> 人間の喉にある発声器官。

声調 <ruby>声<rt>せい</rt></ruby><ruby>調<rt>ちょう</rt></ruby> ふしまわし。「単純な—」

声紋 <ruby>声<rt>せい</rt></ruby><ruby>紋<rt>もん</rt></ruby> 音声を周波数分析によって縞模様の図表に表したもの。「—分析」

声喩 <ruby>声<rt>せい</rt></ruby><ruby>喩<rt>ゆ</rt></ruby> 声などをまねること。

149

声律 せい りつ 音の調子。
「一の調べ」

嘆声 たん せい ①なげきの声。
「続く不運に一を漏らす」
②非常に感心して出す声。

作り声 つく ごえ わざと自分の声と違えた声。
「地声と一を使い分ける」

低声 てい せい 低い声。また、小さい声。
「周囲をはばかる一」

涙声 なみだ ごえ 涙ぐんでいる人の声。
「一でつまりながら話す」

肉声 にく せい マイクなどを通さない音声。
「一に触れる」

寝惚け声 ね ぼ ごえ ねぼけて言う声。「一で電話に出る」

発声 はっ せい ①声を出すこと。
「一練習」
②最初に声を出して音頭をとること。
「主賓の一で乾杯をする」

諸声 もろ ごえ 互いに声を合わせること。
「一に叫ぶ」

言葉としての声

声なき声 こえ こえ 表だっては聞こえない人々の意見。サイレントマジョリティー。

声にならない声 こえ こえ 声としてはっきり出ない音のようなもの。また、意味ある言葉としてとらえられない声。

叱声 しっ せい しかる声。しかる言葉。
「一が飛ぶ」

声価 せい か 世間の評価。名声。
「一が高まる」

声言 せい げん 言いふらすこと。言い広めること。
「彼の一するところでは」

声名 せい めい よい評判。ほまれ。名声。
「一のある作家」

第一声 だい いっ せい 最初に出す言葉。
「一を上げる」

鶴の一声 つる ひと こえ （多くの人を従わせる）権力・権威がある人の一言。

天の声 てん こえ 天のお告げ。転じて、権力や影響力のある人の発言。

その他の表現

ボイス・アルトテノール・ウィスパーボイス・カウンターテナー・ソプラニスタ・ソプラノ・チェストボイス・デスボイス・ハイトーンボイス・バス・ハスキーボイス・バリトン・ビブラート・ファルセット・ファルセットボイス・ホイッスルボイス・ミックスボイス・メゾソプラノがらがら声・きんきん・がやがや・きゃーきゃー・ざわざわ・わー・萌え声・アニメ声
声が弾む・声を掛ける・自動音声・透き通るような歌声・天使のような歌声

青

→ 黒・緑・紫

基本の表現 [青・青い・青々・真っ青・藍]

藍色 藍で染めた色。
「―の頭巾」

藍鼠 藍色を帯びた鼠色。
「―色の地平線」

青味 青色の程度。
「まだ―を帯びた桃」

青やか 青々としているさま。
「若竹のように―」

浅葱 緑を帯びた薄い藍色。
「新選組の―の隊服」
＊淡いネギの葉の色の意。

浅縹 染め色で、薄い縹色。
「―の織物」

淡青 薄い青色。たんせいともいう。
「―の雲」

移色 移し花(露草の花の汁を紙にしみこませたもの)で染めた薄青い色。

甕覗 (藍甕をすこしのぞいた程度の色の意)染物で、極めて淡い青色。

胡桃色 クルミの樹皮の煎汁で染めた黒青い色。

群青 ①青色の無機染料。ウルトラマリン。
②鮮やかな藍青色(の絵の具)。
「―の大海原」

呉須 陶磁器のうわぐすりに使う、あい色の顔料。
「―赤絵」

紺 暗い紫みの青。
「―の背広」

紺青 鮮やかな明るい藍色。
「―に晴れた空」

紺碧 深みのある濃い青色。
「―の(空・海)」

紺瑠璃 紺色の瑠璃。また、紺色がかった瑠璃色。

笹色 ①紅を濃く塗り重ねて青黒く光るようになった色。
②青みのある薄緑。

錆浅葱 浅葱より彩度の低い、わずかに緑がかった灰青色。

新橋色 染め色で、青みがかった薄緑色。
＊明治末から大正期に新橋の芸者から流行した色。

深碧 濃い青緑色。
「―の湖水」

水色 水の色。

青磁色 青磁のようなくすんだ青緑色。
「雲一つない―の空」

152

青黛 ^{せい たい} まゆずみのような濃い青色。

蒼黒 ^{そう こく} あお黒い色。

蒼色 ^{そう しょく} 深い青色。

空色 ^{そら いろ} ①晴れた空のような明るい青色。
②空のようす。
「一が急に変わる」

黛青 ^{たい せい} まゆずみのような色。遠くの山や樹木の青黒い色。

淡碧 ^{たん ぺき} うすいあおいろ。

露草色 ^{つゆ くさ いろ} 露草で染めた青色。

鉄色 ^{てつ いろ} 緑色がかった暗い青。
「一をした海」

鉄紺 ^{てつ こん} 鉄色がかった紺色。
「一のユニホーム」

納戸色 ^{なん ど いろ} 緑みのかかったくすんだ藍色。お納戸色。

濃紺 ^{のう こん} 濃い紺色。
「一のセーラー服」

鈍間色 ^{のろ ま いろ} 青黒い色。
＊野呂松^{のろま}人形の顔の色から。

花浅葱 ^{はな あさ ぎ} わずかに緑がかった青色。

花色 ^{はな いろ} （露草の）花の色。
「一もめん」

縹色 ^{はなだ いろ} 薄い藍色。花色。
「一の袴^{はか}」

碧色 ^{へき しょく} みどりいろ。あおいろ。
「一の鏡のような湖」

碧瑠璃 ^{へき る り} ①青色の瑠璃（の色）。
②青く澄んだ水や空のたとえ。
「一の空」

水浅葱 ^{みず あさ ぎ} 薄い浅葱^{あさぎ}色。
「5月の一の空」

藍青色 ^{らん せい しょく} 藍色を帯びた青色。
「一に晴れ切った空」

瑠璃色 ^{る り いろ} 紫がかった深い青色。
「港の一の海」

瑠璃紺 ^{る り こん} 紫を帯びた紺色。

色

青

その他の表現

ブルー・アズーリ・インディゴブルー・ウルトラマリン・コバルトブルー・サファイアブルー・シアン・スカイブルー・セルリアンブルー・ネイビーブルー・ブルーブラック・ペールブルー・マリンブルー・ミッドナイトブルー・ライトブルー・ラピスラズリ

153

赤

→ 茶色／黒・緑・紫

基本の表現 [赤・赤い・赤々・赤色・真っ赤]

茜色（あかねいろ） アカネの根で染めた色。わずかに黄みを帯びた沈んだ赤色。

浅緋（あさあけ） 薄い緋色。

小豆色（あずきいろ） あずきの種子の色に似たくすんだ黄みの赤色。

洗朱（あらいしゅ） 朱色のさめたような色。やや黄みをおびた薄い赤。

暗紅色（あんこうしょく） 黒みがかった紅色。「—の肝臓」

暗赤色（あんせきしょく） 黒みがかった赤色。「—のビロード」

苺色（いちごいろ） イチゴの実のような紫がかった赤色。

一斤染め（いっこんぞめ） 薄い紅色。いっきんぞめともいう。
＊紅花一斤で絹一疋を染めた色。

今様色（いまよういろ） 染め色で、禁色の濃い紅より淡い紅色。

殷紅色（いんこうしょく） 赤黒い色。

薄紅色（うすべにいろ） 薄い紅色。「—のハナミズキの花」

葡萄茶（えびちゃ） 茶色味を帯びた葡萄色。海老茶とも書く。

臙脂色（えんじいろ） 臙脂で染めた紅色。黒みを帯びた濃い紅色。

柿色（かきいろ） ①柿の実の色に似た黄赤色。②柿の渋の色に似た赤茶色。

唐紅（からくれない） 濃い紅色。「—の紅葉」

黄紅色（きべにいろ） 黄色を帯びた紅色。

京緋色（きょうひいろ） 京都で染めた緋色。

銀朱（ぎんしゅ） 水銀を焼いて作る赤色の顔料。

紅（くれない） 鮮やかな赤色。「—の炎」
＊「呉の藍」の転。

黒緋（くろあけ） 緋の色を濃く染めて黒ずんだもの。

血紅色（けっこうしょく） 血のような赤い色。

濃紅（こいくれない） 濃い紅色。

紅梅色（こうばいいろ） 染め色で、濃い桃色。「頬を—に染める」

桜色（さくらいろ） 桜の花のような色。薄い紅色。「ほんのりと—に上気する」

珊瑚色（さんごいろ） サンゴのような明るい赤色。

紫紅色（しこうしょく） 紫がかった紅色。

渋紙色 <ruby>渋<rt>しぶ</rt></ruby><ruby>紙<rt>がみ</rt></ruby><ruby>色<rt>いろ</rt></ruby> 渋紙のような赤黒い色。「―をした顔」

赤銅色 <ruby>赤<rt>しゃく</rt></ruby><ruby>銅<rt>どう</rt></ruby><ruby>色<rt>いろ</rt></ruby> 赤銅のような色。**あかがねいろ**ともいう。「―の月」

赭色 <ruby>赭<rt>しゃ</rt></ruby><ruby>色<rt>しょく</rt></ruby> 赤褐色。「―の岩肌」

朱殷 <ruby>朱<rt>しゅ</rt></ruby><ruby>殷<rt>あん</rt></ruby> 赤黒い色。＊「殷」は黒ずんだ色。

朱色 <ruby>朱<rt>しゅ</rt></ruby><ruby>色<rt>いろ</rt></ruby> 朱の色。「―の漆器」

猩々緋 <ruby>しょうじょう<rt></rt></ruby><ruby>緋<rt>ひ</rt></ruby> わずかに黒みを帯びた、あざやかな赤。

深紅 <ruby>深<rt>しん</rt></ruby><ruby>紅<rt>く</rt></ruby> 濃い紅色。「―の優勝旗」

真紅 <ruby>真<rt>しん</rt></ruby><ruby>紅<rt>く</rt></ruby> 濃い紅色。「―のバラ」

蘇芳色 <ruby>蘇<rt>す</rt></ruby><ruby>芳<rt>おう</rt></ruby><ruby>色<rt>いろ</rt></ruby> 黒みを帯びた赤色。「―の血」

石竹色 <ruby>石<rt>せき</rt></ruby><ruby>竹<rt>ちく</rt></ruby><ruby>色<rt>いろ</rt></ruby> 石竹の花のような、淡紅色。

浅紅 <ruby>浅<rt>せん</rt></ruby><ruby>紅<rt>こう</rt></ruby> 薄い紅色。

鮮紅 <ruby>鮮<rt>せん</rt></ruby><ruby>紅<rt>こう</rt></ruby> あざやかな紅色。「―色」

退紅色 <ruby>退<rt>たい</rt></ruby><ruby>紅<rt>こう</rt></ruby><ruby>色<rt>しょく</rt></ruby> 少量の紅花で染めた薄い紅色。

丹紅 <ruby>丹<rt>たん</rt></ruby><ruby>紅<rt>こう</rt></ruby> あか。

淡紅色 <ruby>淡<rt>たん</rt></ruby><ruby>紅<rt>こう</rt></ruby><ruby>色<rt>しょく</rt></ruby> 薄い紅色。

躑躅色 <ruby>躑躅<rt>つつじ</rt></ruby><ruby>色<rt>いろ</rt></ruby> ツツジの花のような鮮やかな赤紫色。

鴇色 <ruby>鴇<rt>とき</rt></ruby><ruby>色<rt>いろ</rt></ruby> トキの羽のような、わずかに灰色のかかった淡紅色。

丹 <ruby>丹<rt>に</rt></ruby> ①赤色の顔料に用いられる土。②赤い色。

朱華 <ruby>朱<rt>は</rt></ruby><ruby>華<rt>ねず</rt></ruby> 白色を帯びた紅色。

薔薇色 <ruby>薔<rt>ば</rt></ruby><ruby>薇<rt>ら</rt></ruby><ruby>色<rt>いろ</rt></ruby> ①明るいくれない色。②幸せに満ちた状態。

緋 <ruby>緋<rt>ひ</rt></ruby> 濃く明るい赤色。**あけ**ともいう。「―鯉」

深緋 <ruby>深<rt>ふか</rt></ruby><ruby>緋<rt>ひ</rt></ruby> 濃い緋色。「―の袍」

弁柄 <ruby>弁<rt>べん</rt></ruby><ruby>柄<rt>がら</rt></ruby> 黄赤色の顔料。＊インドのベンガルに産したからいう。

真赭 <ruby>真<rt>ま</rt></ruby><ruby>赭<rt>そほ</rt></ruby> 赤い土。赤い色。**ますほ**ともいう。

桃色 <ruby>桃<rt>もも</rt></ruby><ruby>色<rt>いろ</rt></ruby> ①桃の花の色に似たうす赤色。②男女の色情に関すること。

煉瓦色 <ruby>煉<rt>れん</rt></ruby><ruby>瓦<rt>が</rt></ruby><ruby>色<rt>いろ</rt></ruby> 煉瓦のような暗い黄赤色。「―の町並み」

色

赤

その他の表現

レッド・インディアンレッド・ガーネット・クリムゾン・コーラルピンク・スカーレット・ダークレッド・パウダーピンク・パステルピンク・ピンク・ブリックレッド・マゼンタ・ルージュ・ルビー・ワインレッド

155

茶色

→ 赤／黒・緑・紫／黄色・金色

基本の表現　茶色・茶色い・焦げ茶・赤茶色・茶褐色・土色

茶色

藍媚茶（あいこびちゃ）　藍色がかった媚茶色。

藍海松茶（あいみるちゃ）　染め色で、藍色がかった海松茶色。

赤錆色（あかさびいろ）　赤錆のような暗い黄赤色。
「焼けた一の肌」

亜麻色（あまいろ）　黄みを帯びた薄い茶色。
「一の長い髪」

暗褐色（あんかっしょく）　黒みを帯びた褐色。

薄茶（うすちゃ）　①薄茶用の抹茶。
②薄い茶色。
「一のスプリングコート」

黄褐色（おうかっしょく）　黄色がかった茶色。

落ち葉色（おちばいろ）　枯れた落ち葉のような色。

褐色（かっしょく）　黒っぽい茶色。
「一の大地」
＊同じ字で「かちいろ」「かついろ」と読むと、黒く見えるほど深い藍色。「勝ち色」に通じるので、武具などを染めるのに用いた。

蒲茶（かばちゃ）　茶褐色。

狐色（きつねいろ）　狐の毛色に似た、黄みの強い茶色。
「こんがりと一に焼く」

伽羅色（きゃらいろ）　濃い茶色。

金茶（きんちゃ）　黄の強い、明るい茶色。

栗色（くりいろ）　栗の実の皮のような黒みがかった茶色。
「一の髪」

栗梅（くりうめ）　染め色で、紫がかった栗色。「一の被布」

黒茶色（くろちゃいろ）　黒みがかった茶色。

香色（こういろ）　赤みを帯びた明るい茶色。

黄櫨染（こうろぜん）　染め色で、黄色みを帯びた茶色。

木枯らし茶（こがらしちゃ）　橙（だいだい）色がかった焦げ茶色。

焦色（こげいろ）　焦げたような色。赤茶色。

黒褐色（こっかっしょく）　黒みがかった茶色。

媚茶（こびちゃ）　黒みがかった濃い茶色。

小麦色（こむぎいろ）　小麦の実のような、つやのある薄茶色。
「一の肌」

156

錆色（さびいろ） 鉄錆の色のような赤茶色。
「―の炎」

芝翫茶（しかんちゃ） 三世中村歌右衛門が好んだ、やや黄みがかった薄茶色。

渋色（しぶいろ） 柿渋のような赤黒い色。
「―の羽織」

白茶（しらちゃ） 薄い茶色。白っぽい茶色。

煤竹色（すすたけいろ） 煤竹のような赤黒い色。

雀色（すずめいろ） 雀の羽のような、黒っぽい茶色。
「―時〔＝夕方〕」

赤褐色（せきかっしょく） 赤みを帯びた褐色。

代赭色（たいしゃいろ） 代赭石に似た、茶みのあるだいだい色。
「―の瓦」

煙草色（たばこいろ） 乾燥したタバコの葉のような、黄みを帯びた褐色。

淡褐色（たんかっしょく） うすい褐色。

団十郎茶（だんじゅうろうちゃ） 代々の市川団十郎が用いた染め色で、やや赤みがかった薄茶色。

土気色（つちけいろ） 土のような色。やつれて血の気のない顔色をいう。つちいろ。
「病人のような―の顔」

鳶色（とびいろ） 鳶の羽のような赤っぽい茶色。
「―の目」

肉桂色（にっけいいろ） ニッケイの類の樹皮や根皮のような、くすんだ黄赤色。

灰褐色（はいかっしょく） 灰色がかった褐色。

檜皮色（ひわだいろ） 染め色で、赤黄みの濃い茶色。

鶸茶（ひわちゃ） 黄緑色がかった茶色。

海松茶（みるちゃ） 緑色をおびた茶色。

羊羹色（ようかんいろ） ①淡い赤みの紫黒色。②黒・紫などの衣類があせて赤茶けた色。
「色が褪せて―になった紋付き」

駱駝色（らくだいろ） やや灰色がかった黄赤。
「―のコート」

路考茶（ろこうちゃ） 染め色で、黄みを帯びた青茶色。

色
茶色

その他の表現

ブラウン・ダークブラウン・チョコレートブラウン・ヘーゼルブラウン・キャメル・セピア・タン・テラコッタ・ベージュ・マホガニー
ココア色

157

黒・緑・紫

→ 髪／眉／青／赤／茶色／白・銀色／黄色・金色

基本の表現
黒・黒色・黒々・真っ黒・真っ黒い・黒っぽい・
黒ずむ・緑・緑色・紫色・薄紫

黒

藍鉄色（あいてついろ） 藍がかっている鉄色。

青黒い（あおぐろい） 青みを帯びた黒色をしている。
「―あざができている」

赤黒い（あかぐろい） 赤みを帯びて黒い。
「―血を流して死んだ」

浅黒い（あさぐろい） 皮膚の色が日に焼けたようにうす黒い。
「たくましい―顔の男」

薄黒い（うすぐろい） 少し黒い。

薄墨（うすずみ） 薄くすった墨の色。
「―をはいたような」

か黒い（かぐろい） くろぐろしている。
「―影」

烏の濡れ羽色（からすのぬればいろ） 真っ黒で青みのあるつややかな髪の形容。
「髪は―」

涅色（くりいろ） 染め色で、黒い色。また、褐色がかった黒色。

黒橡（くろつるばみ） 黒に近い灰色。

黒み（くろみ） 黒い色を帯びていること。
「―がかった茶色」

消炭色（けしずみいろ） やや紫色を帯びた濃い鼠色。チャコールグレー。
「―の反物」

憲法色（けんぼういろ） 黒茶色。

黒漆（こくしつ） ①黒色の漆。
②黒くつやのあること。漆黒。

黒変（こくへん） 色が黒くかわること。

紫黒（しこく） 紫がかった黒色。
「―の煙」

漆黒（しっこく） 漆のように黒く光沢のあること。
「―の髪」

純黒（じゅんこく） 真っ黒。
「―の毛並み」

煤色（すすいろ） 煤のような薄黒い色。
「―の夜霧」

墨染め（すみぞめ） 墨で染めたような黒い色。
「―の衣」

青黒色（せいこくしょく） 青みを帯びた黒い色。
「―のインク」

赤黒色（せきこくしょく） 赤みを帯びた黒色。

どす黒い（どすぐろい） 色が濁って黒みを帯びている様子。
「―煙」

直黒 (ひたぐろ) 全体が黒いこと。

墨色 (ぼくしょく) 墨でかいたり染めたりしたものの色つやや濃淡。また、墨のように黒い色。すみいろ。
「—鮮やか」

真っ黒焦げ (まっくろこげ) 焼けてひどく黒くなること。真っ黒に焦げること。

緑

青竹色 (あおたけいろ) 青竹のような青緑色。
「—の着物」

青緑 (あおみどり) 緑と青の中間の色。

浅緑 (あさみどり) 薄いみどり色。
「5月の—の山々」

暗緑色 (あんりょくしょく) 黒みがかった緑色。
「—に濁った波」

鶯色 (うぐいすいろ) 鶯の羽に似た暗い灰黄緑色。
「—のコート」

薄緑 (うすみどり) 薄い緑色。
「—のネオン」

老緑 (おいみどり) 青みのある濃い緑色。
「—の木の影」

黄緑 (おうりょく) 黄みを帯びた緑色。

灰緑色 (かいりょくしょく) 灰色がかった緑色。

草色 (くさいろ) 草の葉のような、青みがかった緑色。

群緑 (ぐんろく) 群青と緑青とをまぜ合わせた色。

苔色 (こけいろ) 染め色で、濃い黒みの萌黄。

早緑 (さみどり) 若草や若葉のような、みどりいろ。

新緑 (しんりょく) 初夏の頃の、木々の若葉のつややかなみどり。[夏]
「目の覚めるような—」

深緑 (しんりょく) 濃いみどり色。
「—の山」

翠色 (すいしょく) みどりいろ。
「—したたる草木」

翠緑 (すいりょく) みどりいろ。濃いみどり。

千歳緑 (せんざいみどり) (千年の後までも変わらない緑の意から)濃い緑色。

鮮緑 (せんりょく) あざやかなみどり色。
「—の若葉」

帯緑色 (たいりょくしょく) 緑色を帯びた色。

淡緑 (たんりょく) うすい緑色。
「新芽の—」

千草色 (ちぐさいろ) わずかに緑色がかった、薄い青色。

常盤色 (ときわいろ) 永久に変わらない色。常緑。

木賊色 (とくさいろ) 染め色で、緑色に黒みを帯びたもの。

濃緑 (のうりょく) 濃い緑色。
「初夏の—のなか」

花緑青 (はなろくしょう) エメラルドグリーン。

万緑 (ばんりょく) 見渡す限り緑であること。[夏]
「—叢中紅一点」

白緑 (びゃくろく) 緑青の粉末の、白っぽい緑色。

鶸色 (ひわいろ) ヒワの羽のような、黄色みの強い黄緑色。

「―の羽織」

碧緑（へきりょく）青みがかったみどり色。
「果てしない―の海」

抹茶色（まっちゃいろ）抹茶のようなくすんだ黄緑色。

松葉色（まつばいろ）松の葉のような暗い黄緑色。

海松色（みるいろ）黒みを帯びた萌葱色。

萌黄色（もえぎいろ）（萌え出たばかりのネギの意）鮮やかな黄緑色。

萌葱色（もえぎいろ）（萌え出たばかりのネギの意）濃い緑色。

柳色（やなぎいろ）にぶい黄緑色。

柚葉色（ゆばいろ）染め色で、濃い緑色、または黒みのある緑色。

利休色（りきゅういろ）暗い灰緑色。

緑翠（りょくすい）みどり。

緑青色（ろくしょういろ）緑青のようなくすんだ緑色。
「靄に包まれた―の連山」

若草色（わかくさいろ）若草のような黄緑色。
「―の新芽」

若苗色（わかなえいろ）染め色で、淡黄緑。

若葉色（わかばいろ）若葉のようなくすんだ黄緑色。

若緑（わかみどり）①松の新芽。[春]
②鮮やかな緑色。

山葵色（わさびいろ）山葵の色。くすんだ薄緑色。

紫

青紫（あおむらさき）青みの強い紫色。
「―のアジサイ」

赤紫（あかむらさき）赤みがかった紫色。
「―を帯びた石」

浅紫（あさむらさき）薄い紫色。

菖蒲色（あやめいろ）薄い紫色。

暗紫色（あんししょく）黒みを帯びた紫色。
「唇が―に染まる」

今紫（いまむらさき）赤みの少ないあざやかな紫色。

薄色（うすいろ）①色の薄いこと。
「―の毛」
②薄紫色。
「―のアザミの花」

末紫（うらむらさき）紫色。

江戸紫（えどむらさき）青みがかった紫色。
「―に京鹿の子」

葡萄色（えびいろ）赤みを帯びた紫色。
「―に塗った電車」
＊エビカズラ（葡萄葛。ブドウ科の植物類の古名）の熟した実の色とも、伊勢エビの色ともいう。

臙脂紫（えんじむらさき）赤みの濃い紫色。

灰紫色（かいししょく）灰色がかった紫色。
「―の空」

貝紫（かいむらさき）地中海産のアッキガイ科の貝の分泌液からとった紫色の染料。

燕子花色（かきつばたいろ）燕子花の花の、紫に青みを帯びた色。

160

桔梗色 きききょういろ 桔梗の花の、藍色を帯びた紫色。

京紫 きょうむらさき 赤みがかった紫色。

滅紫 けしむらさき 染め色で、くすんだ紫色。めっしともいう。

紅紫色 こうしししょく 紫がかった赤い色。

古代紫 こだいむらさき くすんだ鈍い紫色。

濃紫 のうむらさき 濃い紫色。

至極色 しごくいろ 最高位の官位の人が着る衣服の色で、濃い紫色。

紫紺 しこん 紺色のはいった紫色。「―の空」

紫根色 しこんいろ 紫根で染めた、濃い暗紫色。

菫色 すみれいろ スミレの花のような青紫色。「―の日傘」

帯紫色 たいししょく 紫がかった色。

淡紫 たんし 薄い紫色。

茄子紺 なすこん ナスの実の色に似た濃い紫紺色。「―のスーツ」

濃色 のうしょく ①濃い色。②(染め色で)濃い紫色。

鳩羽色 はとばいろ ハトの羽のような暗い灰紫色。

深紫 ふかむらさき 濃い紫色。「―のビロード」

藤色 ふじいろ 藤の花のような薄い紫色。

藤紫 ふじむらさき (藤の花のような)薄い紫色。「―の空の霞」

二藍 ふたあい 染め色で、紅花で染めた上から重ねて藍で染めた、青みがかった赤紫。

縁の色 ゆかりのいろ 紫色。 ＊「古今集」にある和歌「紫のひともとゆゑに武蔵野の草はみながらあはれとぞ見る」による。

藍紫色 らんししょく 藍色を帯びた紫色。

若紫 わかむらさき 薄い紫色。

色

黒・緑・紫

その他の表現

ブラック・ノワール・カーボンブラック

グリーン・エバーグリーン・エメラルドグリーン・オリーブグリーン・コバルトグリーン・ダークグリーン・フォレストグリーン・ボトルグリーン・マラカイトグリーン・ミントグリーン・モスグリーン・ライトグリーン

パープル・アイシーパープル・バイオレット・ラベンダー・ワインレッド

白・銀色

→ 黒・緑・紫／黄色・金色

基本の表現
　白・白い・白色・白っぽい・青白い・純白・
　灰色・真っ白・真っ白け・白一色・銀・銀色

白

薄白い（うすじろい）少し白い。
「闇に一光がさす」

尾花色（おばないろ）枯れたススキのように薄い黒を帯びた白色。

皚々（がいがい）霜・雪の一面に白く見えるさま。
「一たる銀世界」

生成色（きなりいろ）黄みのある白色。

胡粉（ごふん）カキなどの貝殻から作る白色顔料。
「一絵」

白糸（しらいと）染めてない白い糸。
「一の滝」

白橡（しらつるばみ）染め色で、明るい橡色。

白妙（しろたえ）白い布で覆われたかのような状態。また、白色。
「一の富士の高嶺」

白練（しろねり）①白い練絹。②白い練り羊羹。

青白色（せいはくしょく）青みがかった白色。
「一の濁り湯」

雪色（せっしょく）雪の色。

雪白（せっぱく）雪のように白いさま。
「一の肌」

鮮白（せんぱく）あざやかな白さ。

象牙色（ぞうげいろ）明るい灰黄色。
「一の器」

蒼白（そうはく）血の気がなく青白いさま。
「顔面一」

乳色（ちちいろ）不透明な白色。

生白い（なまじろい）少し白い。
「一顔の学生」

乳白色（にゅうはくしょく）乳のように不透明な白色。
「一の靄」

練り色（ねりいろ）薄い黄色を帯びた白色。

仄白い（ほのじろい）ほのかに白い。
「一夜明けの空」

雪を欺く（ゆきをあざむく）その白さが雪にひけをとらないほどである。
「一ような美しい肌」

灰色

青鈍（あおにび）染め色で、わずかに青みを含んだ灰色。

灰汁色（あくいろ）灰汁の、黒みの多い淡橙色。

空五倍子色（うつぶしいろ）五倍子で染めた薄黒い色。

162

鉛灰色（えん かい しょく）なまり色を帯びた灰色。

灰白色（かい はく しょく）白に近い、明るい灰色。「―の雲海」

栗鼠色（くり ねずみ いろ）栗色がかった鼠色。

鉛色（なまり いろ）鉛のような青みがかった灰色。または淡い藍色。「―の空」

鈍色（にび いろ）白濁色。

鼠色（ねず いろ）鼠の毛のような青みがかった灰色。**ねずみいろ**ともいう。「―の雲が低くたれこめる」

鳩羽鼠（はと ば ねずみ）紫色をおびた鼠色。

葡萄鼠（ぶ どう ねずみ）赤みがかった鼠色。

利休鼠（り きゅうねずみ）わずかに緑色を帯びた鼠色。りきゅうねず。「―の雨が降る」

銀・銀色

燻し銀（いぶ し ぎん）硫黄をいぶして、表面の光沢を消した銀。また、その色。「―のような色をした雲」

鉛白色（えん ぱく しょく）灰色がかった銀白色。

銀塊（ぎん かい）銀のかたまり。

銀灰色（ぎん かい しょく）鈍い灰色を帯びた銀色。「―の靄」

銀泥（ぎん でい）銀粉を膠に溶き混ぜた顔料。

銀鼠（ぎん ねず）銀色がかった鼠色。

銀白（ぎん ぱく）銀色を帯びた白色。「―の雪山」

銀無垢（ぎん む く）混ざり物のない銀。純銀。

純銀（じゅん ぎん）まじり物のない銀。

真珠色（しん じゅ いろ）真珠のような、光沢のある銀色。

白銀（はく ぎん）①銀。②しろがね色。「―の世界」

色

白・銀色

163

黄色・金色

→ 赤／茶色／白・銀色

基本の表現 [黄色・黄色い・黄ばむ・金・金色・黄金]

黄色

青朽葉（あおくちば）染め色で、青みがかった朽葉色。

赤朽葉（あかくちば）染め色で、赤みを帯びた朽葉色。

曙 色（あけぼのいろ）黄色を帯びた淡紅色。

浅黄（あさぎ）薄い黄色。「―染め」

油色（あぶらいろ）菜種油の色。赤みがかった黄色で、すきとおった感じの色。

飴色（あめいろ）飴のような、透明、または半透明の黄褐色。「―の瓶」

洗柿（あらいがき）柿色のさめたような色。

暗黄色（あんこうしょく）黒みを帯びた黄色。「―になった夕空」

杏色（あんずいろ）熟したアンズの実のようなくすんだ黄赤。

言わぬ色（いわぬいろ）（「口無し」にかけて）クチナシの実の、濃い黄色。

鶯 茶（うぐいすちゃ）染め色で、茶色がかった緑色。

黄丹（おうだん）赤みの多い黄色。**おうに**ともいう。

黄土色（おうどいろ）黄土のような赤みを帯びた黄色。「―のビル」

黄銅色（おうどういろ）銅と亜鉛との合金の色。黄色。

灰黄色（かいこうしょく）灰色がかった黄色。

金糸雀色（かなりあいろ）カナリアの羽毛のような、青みを帯びた黄色。

蒲色（かばいろ）ガマの穂のような、赤みの強い茶黄色。

芥子色（からしいろ）くすんだ黄色。「―のセーター」

刈安（かりやす）イネ科の多年草で、黄色の染料に使う。

枯れ草色（かれくさいろ）わずかに赤みのある茶色。

土器色（かわらけいろ）黒ずんだだいだい色。「恐怖のあまり―になった顔」

萱草色（かんぞういろ）染め色で、黄みの強いだいだい色。

黄枯茶（きがらちゃ）染め色で、黄みを帯びた薄い茶色。

麹塵（きくじん）ほとんど灰色みを帯びた黄緑色。

黄朽葉（きくちば）染め色で、クチナシに茜または紅を混ぜた色。

黄蘗色（きはだいろ）キハダの樹皮で染めた赤みの少ない黄色。

梔子色（くちなしいろ）クチナシの果実で染めた、赤みを帯びた濃い黄色。

朽葉色（くちばいろ）染め色で、赤みがかった黄色。

「―に染まる晩秋」

クリーム色（いろ）クリームのような薄黄色。

「―の台紙」

桑色（くわいろ）桑の根で染めた薄い黄色。

柑子色（こうじいろ）赤みをおびた黄色。

琥珀色（こはくいろ）琥珀の色。透明ないし半透明の、赤みをおびた黄色。

「―のウイスキー」

酒黄色（しゅおうしょく）日本酒のような、澄んだ淡い黄色。

承和色（そがいろ）黄菊の色。**ぞかいろ**ともいう。

＊承和（じょうわ）の帝が好んだところからいう。

退黄色（たいこうしょく）薄黄色。

橙 色（だいだいいろ）黄色と赤色との中間色。

卵色（たまごいろ）①鶏卵の黄身の色。②卵の殻の色。白茶色。

「―の壁」

淡黄色（たんおうしょく）薄黄色。

丁子色（ちょうじいろ）丁子のつぼみの煎汁で染め出した、黄みの強い茶色。

照柿（てりがき）熟した柿。また、赤みを帯びた黄色。

橙黄色（とうこうしょく）ダイダイの実のような赤みを帯びた黄色。

「―の火」

鳥の子色（とりのこいろ）卵の殻のような色。

菜の花色（なのはないろ）アブラナの花のような鮮やかな明るい黄色。

肉色（にくいろ）①皮膚の色。②黄色がかった淡紅色。

向日葵色（ひまわりいろ）ヒマワリの花のような鮮やかな黄色。

鼈甲色（べっこうしょく）やや黒みがかった黄色や、透明な黄褐色。

「―の飴（あめ）」

蜜柑色（みかんいろ）ミカンの果皮のような黄赤色。

「―の月」

木蘭色（もくらんじき）染め色で、赤黒色を帯びた黄色。

山鳩色（やまばといろ）染め色で、鈍い黄緑色。

山吹色（やまぶきいろ）①山吹の花の、わずかに赤みを帯びた鮮やかな黄色。②大判・小判。

緑黄色（りょくおうしょく）みどりがかった黄色。

「―野菜」

レモン色（いろ）熟したレモンのような淡黄色。

「―の自動車」

165

金・金色

鬱金色（うこんいろ） ウコンの根茎で染めた濃い鮮黄色。

金塊（きんかい） 金のかたまり。

金無垢（きんむく） 混ざり物のない金。「―の仏像」

黄金色（こがねいろ） 金の放つ、輝く黄色。「―に波打つ稲穂」

砂金（さきん） 砂の中から産する金。**いさご・しゃきん**ともいう。

紫磨金（しまごん） 紫色を帯びた最も良質とされた黄金。**類紫金・紫磨黄金・閻浮檀金**（えんぶだごん）

純金（じゅんきん） まじり物のない金。「―の腕輪」

玉虫色（たまむしいろ） 玉虫の羽のように、光線の具合でいろいろな色に変わって見える染め色や色調。

二十四金（にじゅうよんきん） 純金のこと。

| その他の表現 |

アンバー・イエロー・オリーブ色・オレンジ・ゴールデンイエロー・サフランイエロー・サンフラワー・シャンパン・ダンデライオン・パンプキン・ブロンド・ベージュ・レモンイエロー・まっきっき
ゴールド・ピンクゴールド・プラチナ・まっきんきん

時

春・新春

→ あたたかい・あつい／太陽

基本の表現
| 春・春陽・春色・春情・春めく・ |
| 春暖・春休み・春季・春期 |

★月の呼び方いろいろ

- 陰暦1月…初春・新春・孟春・改春・開春・陽春
- 陰暦2月…仲春
- 陰暦3月…晩春
- 3月…弥生・暮春・季春・残春・行く春・春の湊
- 4月…卯月
- 5月…五月・皐月・早月

暦の上の春…二十四節気

立春 りっしゅん 暦の上で春が始まる日。寒明け。太陽暦2月4日ごろ。

雨水 うすい 雪が雨に変わり、雪解けが始まるころ。太陽暦2月19日ごろ。

啓蟄 けいちつ 冬ごもりの虫が地上にはい出るころ。太陽暦3月5日ごろ。

春分 しゅんぶん 昼と夜の長さが等しい春の日。太陽暦3月21日ごろ。

清明 せいめい 清く明るい気が満ちる意。太陽暦4月5日ごろ。

穀雨 こくう 穀物をうるおす雨が降る時分。太陽暦4月20日ごろ。

暦の上の春…五節句

人日 じんじつ 陰暦1月7日。七草の節句。春の七草を入れた七草がゆを食べるのが習慣。

上巳 じょうし 陰暦3月3日。桃の節句。女児の健やかな成長を祝う日。ひな祭り。**じょうみ**とも。

春・新年のはじまり

一陽来復 いちようらいふく 冬が去って春が来ること。新年が来ること。
- ＊「陰がきわまって陽が生じる」が原義。そこから「悪いことが続いた後に幸運が開けること」も表す。陰暦11月や冬至を指すことも。

回春 かいしゅん 春が再びめぐってくること。新年になること。
- ＊病気が治り元気になることも表す。

迎春 げいしゅん 新年を迎えること。「—の準備」

初春 しょしゅん 春のはじめ。陰暦の1月。**はつはる**とも。
「—の梅が咲くころ」

春先 はるさき 春のはじめ。早春。浅春。「—に咲く花」

余寒 よかん 立春後に残る寒さ。園**残寒・春寒**

料峭 りょうしょう 春風が肌に寒く感じられるさま。

168

春の半ば、盛り

春栄 しゅん えい　春の盛り。

仲春 ちゅうしゅん　春の半ば。陰暦の2月。中春。類**仲陽**

芳春 ほう しゅん　花盛りの春。

春のおわり

春尽 しゅん じん　春の終わり。

惜春 せき しゅん　過ぎ去る春を惜しむこと。「—の情」

夏隣 なつ どなり　夏に近い晩春のころ。

晩春 ばん しゅん　春の終わりごろ。陰暦の3月。「—から初夏にかけて」

春の情景

木の芽立ち き の め だ ち　春の、木の芽が出るころ。

九春 きゅうしゅん　春の90日間、3か月。＊初春・仲春・晩春の総称である「三春」も同じ意味。

球春 きゅうしゅん　野球シーズンが始まる春の時期。「—到来」

春気 しゅん き　春の気配。春の気候。「外には—が満ちている」

春暁 しゅんぎょう　春のあかつき。春の夜明け。「心地よい—」

春景 しゅん けい　春の景色。類**春色・春容**「蔵王の—」

春日 しゅん じつ　うららかな春の日。**はるび**とも。「—遅々」

春愁 しゅんしゅう　春に何となく気がふさいで、ものうくなること。はるうれい。

春宵 しゅんしょう　春の夜。春のよい。類**春夜**「——刻値千金」

春心 しゅん しん　色気。類**春情**

春水 しゅん すい　春になって氷や雪が解けて流れる水。

春雪 しゅん せつ　春になってから降る雪。「—の登山路」

春風駘蕩 しゅん ぷう たい とう　春風がのどかに吹くさま。転じて性格や態度がのんびりしているさま。

春眠 しゅん みん　春の夜の快い眠り。「—暁を覚えず」

青春 せい しゅん　若い時代。人生の春にたとえられる時代。

青陽 せい よう　（五行説で青は春に当たることから）春の異称。

常春 とこ はる　一年中春のような気候であること。類**長春**「—の地」

八十八夜 はち じゅう はち や　立春から88日目の日。種まき、茶摘みなどの時節。太陽暦5月2日ごろ。

日永 ひ なが　春になって昼間が長く感じられること。類**春永・永日・永陽**

落花流水 らっ か りゅうすい　散る花と流れる水。過ぎゆく春の景色。転じて男女が慕い合うさま。

その他の表現

うらら・うららか・のどか・春らんまん・ぽかぽか

春・新春

169

夏

→ あたたかい・あつい／雨／晴れる／太陽

基本の表現

夏(なつ)・夏日(なつび)・真夏(まなつ)・猛暑(もうしょ)・冷夏(れいか)・熱帯夜(ねったいや)・炎暑(えんしょ)・酷暑(こくしょ)・夏場(なつば)・夏時(なつどき)・暑気(しょき)・夏休み(なつやすみ)・夏季(かき)・夏期(かき)

★月の呼び方いろいろ

- 陰暦4月…夏半(なつはん)・初夏(しょか)・孟夏(もうか)・首夏(しゅか)・夏端月(なつはづき)・卯の花月(うのはなづき)
- 陰暦5月…仲夏(ちゅうか)
- 陰暦6月…晩夏(ばんか)・季夏(きか)・常夏月(とこなつづき)・長夏(ちょうか)
- 6月…水無月(みなづき｜みなつき)
- 7月…文月(ふみづき｜ふづき)
- 8月…葉月(はづき｜はつき)

暦の上の夏…二十四節気

立夏(りっか) 暦の上で夏が始まる日。太陽暦5月6日ごろ。

小満(しょうまん) 草木が茂って天地に満ち始める意。太陽暦5月21日ごろ。

芒種(ぼうしゅ) 稲などの穀物をまく時期。太陽暦6月6日ごろ。

夏至(げし) 北半球では一年で最も昼が長い日。太陽暦6月21日ごろ。

小暑(しょうしょ) 暑さが本格的になる日。このころから暑気に入る。太陽暦7月7日ごろ。

大暑(たいしょ) 一年で最も暑い時分。太陽暦7月23日ごろ。

暦の上の夏…五節句

端午(たんご) 陰暦5月5日。菖蒲(しょうぶ)の節句。男児の健やかな成長を祝う日。

こどもの日。

夏のはじまり

夏半(かはん) 陰暦の4月。

初夏(しょか) 夏のはじめ。陰暦の4月。はつなつとも。

麦秋(ばくしゅう) 麦の刈り入れをする時期。初夏のころ。

夏の半ば、盛り

炎夏(えんか) 燃えるように暑い夏。真夏。

帷子時(かたびらどき) かたびらを着る時節。盛夏。

三伏(さんぷく) 初伏、中伏、末伏の総称。夏の最も暑い時期。

暑中(しょちゅう) 夏の暑い時期。特に夏の土用の18日間。
「―お見舞い申し上げます」

盛夏(せいか) 夏の盛り。真夏。[類]盛暑・酷暑・極暑
「―烈日の下」

仲夏(ちゅうか) 夏の半ば。陰暦の5月。中夏。[類]夏中

長夏(ちょうか) 夏の盛りの日が長いころ。*陰暦の6月を指すことも。

時 夏

土用 （どよう） 立春、立夏、立秋、立冬の前の各18日間。特に立秋の前の夏の土用は、最も暑い時期とされる。「一の丑の日」

土用三郎 （どようさぶろう） 夏の土用の3日目。この日が快晴ならば豊年、降雨ならば凶年と、その年の豊凶を占った。

夏のおわり

秋近し （あきちか） 夏の終わりごろ。秋がすぐ近くまで感じられる時分。

類秋の隣

夏の暮れ （なつのくれ） ①夏の終わり。②夏の夕暮れ。

晩夏 （ばんか） 夏の終わりごろ。陰暦の6月。

夏の情景

朝涼 （あさすず） 夏の朝の涼しいころ。あさすず。対夕涼

一夏 （いちげ） 陰暦4月16日から7月15日までの夏の90日間。この時期に僧がこもって修行をする。
＊一夏は夏の90日間、夏じゅう。

炎陽 （えんよう） 夏の太陽。夏の時候。

九夏 （きゅうか） 夏の90日間、3か月。「一三伏」
＊初夏・仲夏・晩夏の総称である「三夏」も同じ意味。

下涼み （したすず） 樹木などの陰で涼むこと。「夕顔棚の一」

朱夏 （しゅか） （五行説で赤は夏に当たることから）夏の異称。

消夏 （しょうか） 夏の暑さをしのぐこと。「一閑話」

暑気あたり （しょきあたり） 夏の暑さのために病気になること。

暑気払い （しょきばらい） 夏の暑さを払いのけるために、何事かを催すこと。

暑月 （しょげつ） 暑い時期。類暑夏

常夏 （とこなつ） 一年中夏のような気候であること。「一の国」

夏風邪 （なつかぜ） 夏に引く風邪。「一は犬も（ひかぬ・食わぬ）」

夏草 （なつくさ） 夏に生い茂る草。「一や兵どもが夢の跡（松尾芭蕉）」

夏ばて （なつばて） 夏の暑さにばててぐったりと疲れること。類夏負け

夏痩せ （なつやせ） 夏の暑さで食欲が衰えて痩せること。

半夏生 （はんげしょう） 夏至から11日目の日。梅雨が明け、田植えの終期とされる。太陽暦7月2日ごろ。

流金鑠石 （りゅうきんしゃくせき） 金属や石が溶けて流れてしまうような猛烈な暑さ。

その他の表現

さんさん・じりじり・むしむし・ぎらぎら・汗ばむ

秋

→ さむい・すずしい

基本の表現
秋・秋気・秋の香・秋の声・秋めく・
秋晴れ・秋日・残暑・秋季・秋期

★月の呼び方いろいろ

- 陰暦7月…初秋・新秋・早秋・孟秋・首秋・小秋・肇秋
- 陰暦8月…仲秋・盛秋・秋涼・清秋・桂秋・秋風月
- 陰暦9月…晩秋・涼秋・暮秋・暮れの秋・季秋・残秋・行く秋・窮秋・秋の湊・菊月
- 9月…長月
- 10月…神無月
- 11月…霜月

暦の上の秋…二十四節気

立秋 暦の上で秋が始まる日。太陽暦8月8日ごろ。

処暑 暑さがおさまる時期。太陽暦8月23日ごろ。

白露 大気が冷えて草花に露がつき、白く輝いて見え始めるころ。太陽暦9月8日ごろ。

秋分 昼と夜の長さが等しい秋の日。太陽暦9月23日ごろ。

寒露 気温が下がり、草花に冷たい露がつくころ。太陽暦10月8日ごろ。

霜降 朝晩に霜が降り始める時。太陽暦10月23日ごろ。

暦の上の秋…五節句

七夕 陰暦7月7日。七夕の節句。牽牛星と織女星が年に一度だけ会うという伝説にちなみ、星に祈りを込める祭りをおこなう。

重陽 陰暦9月9日。菊の節句。陽の数である9が重なるため縁起がよいとされ、長寿や無病息災を願う。

秋のはじまり

秋口 秋になったばかりのころ。「—には終わらせたい」

初秋 秋のはじめ。陰暦の7月。類新秋・早秋
「—の気を感じる」

新涼 秋のはじめの涼しさ。すずしい気候。類初涼
「—の季節に入った」

秋の半ば、盛り

盛秋 秋の盛り。陰暦の8月。「—の京都」

仲秋 秋の半ば。陰暦の8月。

中秋 陰暦8月15日。「—の名月」

秋のおわり

秋の暮れ <small>あき く</small>
①秋の終わり。
②秋の夕暮れ。

晩秋 <small>ばん しゅう</small>
秋の終わりごろ。陰暦の9月。
「―の冷たい霜」

冬隣 <small>ふゆ どなり</small>
冬に近い晩秋のころ。

涼秋 <small>りょうしゅう</small>
涼しい秋。陰暦の9月。

秋の情景

秋さる <small>あき</small>
秋になる。秋が来る。類 秋立つ

秋場 <small>あき ば</small>
秋の時節。
「―半作」

九秋 <small>きゅうしゅう</small>
秋の90日間、3か月。
＊初秋・仲秋・晩秋の総称である「三秋」も同じ意味。

錦秋 <small>きん しゅう</small>
紅葉が錦のように美しい秋。
「―の候」

桂秋 <small>けい しゅう</small>
桂(モクセイ)の花が咲く秋。
＊陰暦の8月のことも指す。

高秋 <small>こう しゅう</small>
空が高く晴れわたる秋。

秋意 <small>しゅう い</small>
秋の気配。秋のおもむき。
「―深し」

秋景 <small>しゅう けい</small>
秋の景色。類 秋色・秋容
「―を満喫する」

秋思 <small>しゅう し</small>
秋に感じるものさびしい思い。
類 悲秋

秋宵 <small>しゅうしょう</small>
秋の夜。秋のよい。類 秋夜
「―の月の光」

秋涼 <small>しゅうりょう</small>
秋の涼しさ。
「―を待つ」
＊陰暦の8月のことも指す。

秋冷 <small>しゅう れい</small>
秋になって感じる冷気。
「―の候」

清秋 <small>せい しゅう</small>
空気が澄んで清らかな秋。
＊陰暦の8月のことも指す。

爽秋 <small>そう しゅう</small>
爽やかな秋。秋爽。
「―の風」

出来秋 <small>で き あき</small>
稲がよく実った秋。実りの秋。

二百十日 <small>に ひゃく とお か</small>
立春から210日目の日。台風が多い時期にあたる。太陽暦9月1日ごろ。
＊太陽暦9月11日ごろの「二百二十日」も同様に厄日とされる。

白秋 <small>はく しゅう</small>
(五行説で白は秋に当たることから)秋の異称。類 素秋・金秋・商秋

彼岸 <small>ひ がん</small>
秋分の日を中日として前後3日ずつを合わせた7日間。秋の彼岸。
「暑さ寒さも―まで」
＊春分の日前後の計7日間は春の彼岸。

綿秋 <small>わた あき</small>
秋。綿の実が熟するころ。

冬

→ さむい・すずしい／雪・氷／露・霜

基本の表現
冬・冬日・真冬・厳冬・寒冬・極寒・冬場・
冬休み・越冬・冬越し・暖冬・冬季・冬期

★月の呼び方いろいろ

- 陰暦10月…初冬・孟冬・小春・開冬・上冬
- 陰暦11月…仲冬・一陽来復
- 陰暦12月…晩冬・暮冬・冬の暮れ・季冬・窮冬・杪冬・苦寒
- 12月…師走
- 1月…睦月
- 2月…如月

暦の上の冬…二十四節気

立冬 暦の上で冬が始まる日。太陽暦11月8日ごろ。

小雪 雪が降り始める時期。太陽暦11月22日ごろ。

大雪 雪がたくさん降る時期。太陽暦12月7日ごろ。

冬至 北半球では一年で最も昼が短い日。太陽暦12月22日ごろ。

* 冬至は暦の上では冬の真ん中だが、寒さが本格化するのはそれからであるため、「冬至冬中冬始め」といわれる。

小寒 寒さが厳しくなるころ。寒の入り。太陽暦1月6日ごろ。

大寒 一年で最も寒い時分。太陽暦1月20日ごろ。

冬のはじまり

小春 陰暦の10月。小春月。
「ー凪」

小春日和 冬のはじめの小春のころの、春のように暖かい気候。小春日。
「のどかなー」

初冬 冬のはじめ。陰暦の10月。はつふゆとも。
「ーの月が冴え渡る」

冬の半ば、盛り

寒中 小寒のはじめ（寒の入り）から大寒の終わり（寒明け。立春）までの30日間。寒の内。
「ー見舞い」

盛冬 冬の盛り。真冬。

仲冬 冬の半ば。陰暦の11月。中冬。

冬のおわり

春隣 春に近い晩冬のころ。類春近し

晩冬 冬の終わりごろ。陰暦の12月。
「ーの雪がようやく解ける」

冬の情景

客冬（かくとう）去年の冬。類去冬・昨冬・旧冬・冬年

九冬（きゅうとう）冬の90日間、3か月。＊初冬・仲冬・晩冬の総称である「三冬」も同じ意味。

玄冬（げんとう）（五行説で玄＝黒は冬に当たることから）冬の異称。けんとうとも。「―素雪」

向寒（こうかん）寒さに向かうこと。対向暑「―の折」

朔旦冬至（さくたんとうじ）陰暦11月1日が冬至にあたる日。19年に1度あり、吉日として宮中で祝宴がおこなわれた。

霜枯れ時（しもがれどき）草木が霜で枯れたさびしい景色。転じて、商売の景気の悪い時期。

西高東低（せいこうとうてい）日本付近の冬の典型的な気圧配置。西に高気圧、東に低気圧がある。大陸側から冷たい北西の季節風が吹き、日本海側は雪、太平洋側は晴天になることが多い。

節分（せつぶん）立春、立夏、立秋、立冬の前日の季節の分かれ目。特に立春の前日をいい、この日の夜に鬼を払う豆まきをする。

短日（たんじつ）冬の昼が短いこと。日暮れが早い冬の日。

冬営（とうえい）軍隊などが陣営を張って冬を越すこと。

冬芽（とうが）夏から秋に作られ、越冬して春になり成長する芽。ふゆめとも。対夏芽

冬天（とうてん）冬の空。冬の天気。

冬着（ふゆぎ）冬に着る衣服。冬服。類冬物・冬衣

冬草（ふゆくさ）①冬に枯れている草。②冬でも青々としている草。

冬化粧（ふゆげしょう）雪が降り積もって、山野が化粧をしたように真っ白になること。

冬氷（ふゆごおり）冬に凍った氷。「―の間を散歩する」

冬木立（ふゆこだち）冬に落葉した木々。「―に群れる鵯」

冬籠もり（ふゆごもり）冬の間、人や動物が家・巣・土の中などにもってじっとしていること。

冬作（ふゆさく）冬の間に生育し、春から夏に収穫する作物。対夏作

冬さる（ふゆさる）冬になる。冬が来る。類冬立つ

冬ざれ（ふゆざれ）草木が枯れて荒涼とした冬の様子。

冬支度（ふゆじたく）冬の寒さに備えて準備すること。

冬将軍（ふゆしょうぐん）冬の厳しい寒さを擬人化した表現。

冬日和（ふゆびより）穏やかに晴れた冬の日。冬の天気。

その他の表現

しんしん・ぞくぞく・ぶるぶる・がくがく・鍋の季節

朝・明け方

→ あかるい／あたたかい・あつい／太陽

基本の表現 [朝・明け方・朝方・早朝・未明・
夜明け・明け・夜明け方・暁]

★昼の12時より前

午前　上午じょう　昼前

★いつの朝

- 昨日…昨朝・昨旦
- 今日…今朝・今旦
- 明日・次の日…明朝・明旦・明くる朝・翌朝・翌旦
- 毎日…毎朝・毎旦

未明・明け方・早朝の表現

曙 あけぼの　夜がほのぼのと明けるころ。夜明け。類仄々明ほのぼのけ・朝ぼらけ

朝明け あさ あ　夜明け。明け方。あさけともいう。類晨明しんめい

朝未だき あさ ま　夜が明けきらないころ。早朝。

押し明け方 お あ がた　夜明け。明け方。

彼は誰時 か た れ どき　（薄暗くて彼は誰かがはっきりわからない時分の意）明け方。
　＊薄暗い明け方と夕方双方を指すが、夕方を表す「たそがれどき」と区別して、特に明け方に用いられる。

元旦 がん たん　元日の朝。[新年]類元朝・歳旦
　「一年の計は一にあり」

暁闇 ぎょう あん　月が出ておらず暗い明け方。陰暦で14日ごろまでの明け方。あかつきやみとも。

暁旦 ぎょう たん　夜明け。明け方。類暁更

鶏鳴 けい めい　（ニワトリが鳴くころから）夜明け。午前2時ごろ。

五更 ご こう　夜を5等分した、初更、二更、三更、四更、五更の総称。(うち最後の五更を指す場合は)午前3～5時ごろの明け方。類戊夜ぼや

今暁 こん ぎょう　今日の明け方。

残夜 ざん や　夜明け前の夜。

白々明け しら しら あ　夜が明けるころ。明け方。しらじらあけとも。
　「一を待って出て行った」

晨朝 じん じょう　午前6時ごろ。またその時におこなう勤行。朝の勤め。六時の一つ。じんちょうとも。[仏教語]
　＊「晨」は朝のこと。以降は日中、日没にち、初夜、中夜、後夜と続く。

早晨 そう しん　朝早いうち。早朝。類早旦

早天 そう てん　明け方(の空)。

旦明〔たんめい〕 明け方。夜明け。

遅明〔ちめい〕 夜がまさに明けようとするころ。明け方。

天明〔てんめい〕 夜明け。明け方。

払暁〔ふつぎょう〕 夜明け。明け方。**ふっきょう**とも。 類**早暁**

昧爽〔まいそう〕 夜明け。 類**昧旦**

黎明〔れいめい〕 夜明け。明け方。転じて新しい時代が始まろうとすること。

朝の情景

明けの明星〔あけのみょうじょう〕 夜明けに東の空に見える金星。

朝靄〔あさもや〕 朝にたちこめるもや。

有明〔ありあけ〕 月がまだ空に残っていながら夜が明けること。またその月。有明の月。有明月夜〔ありあけづくよ〕。 類**朝月夜・暁月夜**

清晨〔せいしん〕 清らかな朝。すがすがしい朝。

霜晨〔そうしん〕 霜が降りた朝。

朝暉〔ちょうき〕 朝日。朝陽。

朝にまつわる表現

朝去らず〔あささらず〕 朝ごとに。毎朝。毎朝欠かさず。 対**夕去らず**

朝っぱら〔あさっぱら〕 (朝食前の空腹を指す「朝腹」から)朝早く。「—からけんかするな」

朝な朝な〔あさなあさな〕 毎朝。あさなさな。 対**夜な夜な**

朝間〔あさま〕 朝のうち。朝の間。＊早朝を指すことも。

朝飯前〔あさめしまえ〕 朝食をとる前。転じて朝食をとる前にできてしまうような簡単なこと。

一朝〔いっちょう〕 ある朝。わずかな間。ひとたび。

一朝一夕〔いっちょういっせき〕 ひと朝やひと晩。きわめて短い時間。

朝旦〔さくたん〕 ついたちの朝。また、ついたち。

三朝〔さんちょう〕 (年・月・日の朝であることから)元日の朝。元旦。 類**三つの朝**

終朝〔しゅうちょう〕 夜明けから朝食までの間。また、朝の間。

晨夜〔しんや〕 朝と夜。朝から晩まで。 類**夙夜**〔しゅくや〕

朝三暮四〔ちょうさんぼし〕 目先の利益にとらわれて、結果は同じであることに気がつかないこと。口先でうまくだますこと。

朝令暮改〔ちょうれいぼかい〕 朝に出した命令を夕方には改めること。方針がすぐ変わってあてにならないこと。

その他の表現

モーニング・デイブレイク・ブレックファースト・サンライズ・AM

昼

→ あかるい／あたたかい・あつい／晴れる／太陽

基本の表現 　昼・昼間・午後・日中・白昼・真昼・昼過ぎ

★昼のいつごろ

- 午後 12 時…正午・午後零時・午時・日午・亭午
- 昼過ぎ…午下・昼後・昼下がり
- 日中…白昼・真昼・昼中・昼日中・真っ昼間・日の中・明昼
- 一日中…終日・ひねもす・ひもすがら・日がな一日

昼の情景

炎昼 えんちゅう　燃えるように暑い真夏の昼。

春昼 しゅんちゅう　のんびりとした春の昼間。[春]

南中 なんちゅう　天体が真南にくること。特に、太陽が真南にきて最も高くなること。日の出と日の入りの中間で、正午ごろにあたる。

白日 はくじつ　照り輝く太陽。昼間。白昼。転じてやましいところがないこと。「一のもとにさらされる」

昼にまつわる表現

午の刻 うまのこく　午前11時から午後1時までの時刻。

小昼 こびる　朝食と昼食、または昼食と夕食の間にとる軽い食事。間食。

おやつ。
＊正午近くを指すことも。

遅日 ちじつ　なかなか日が暮れない春の日。[類]日永・遅き日

昼夜 ちゅうや　昼と夜。昼も夜も。「一を問わず／一兼行」

昼漏 ちゅうろう　昼の時間。＊「漏」は漏刻(水時計)のこと。

白昼夢 はくちゅうむ　真昼に見る夢。転じてそうした非現実的な空想。

日脚 ひあし　太陽が進む速さ。太陽が出てから沈むまでの昼の時間。「春分をすぎ、一がのびてきた」

日盛り ひざかり　一日のうちで太陽が盛んに照りつけるころ。特に、夏の暑い盛り。[夏]

昼つ方 ひるつかた　昼の時分。正午のころ。昼時分。昼つほど。

昼時 ひるどき　正午のころ。昼食のころ。昼飯時。

昼行灯 ひるあんどん　(昼間の行灯は役に立たないことから)ぼんやりしていて役に立たない人。

その他の表現

ヌーン・アフタヌーン・デイタイム・デイライト・PM

夕・夕方

→ 空／太陽

基本の表現 [夕・夕方・夕べ・日の入り・日没・暮れ・夕暮れ・日暮れ・暮れ方]

夕方・夕暮れ

入相（いりあい）　日が暮れるころ。夕暮れ。「―の鐘」

大禍時（おおまがとき）　（大きな災いが起こりやすい時分の意）夕方の薄暗いころ。逢魔（おうま）が時。

黄昏（たそがれ）　（薄暗くて見分けがつかず「誰（た）そ彼（かれ）は」と問う時分の意）夕暮れ。

薄暮（はくぼ）　日が暮れて薄暗くなるころ。夕暮れ。

晩方（ばんがた）　夕方。日暮れ。類**晩暮**「なんとなく物悲しい―」

晩刻（ばんこく）　夕方。類**夕刻**　＊夜を指すことも。

火ともし頃（ひともしごろ）　明かりをともすころ。夕方。

夕景（ゆうけい）　夕方の景色。転じて夕方。**せっけい**とも。類**晩景・夕景色**

夕つ方（ゆうつかた）　夕方。夕さり。夕さりつ方。「少し寒い早春の―」

夕間暮れ（ゆうまぐれ）　夕方の薄暗いころ。夕暮れ。

宵（よい）　日が沈んでまもないころ。「春の―」

宵の口（よいのくち）　日が暮れて間もないころ。宵のうち。

夕・夕方にまつわる表現

暮れ初む（くれそむ）　日が暮れはじめる。「―空を渡る鳥」

暮れ泥む（くれなずむ）　日が暮れそうでなかなか暮れないでいる。

残映（ざんえい）　夕焼け。夕映え。転じて消えたものの名残。

日夕（にっせき）　昼と夜。日夜。朝夕。また、夕方。

返照（へんしょう）　光が照り返すこと。夕日の輝きで物が美しく見えること。夕映え。類**夕照・反射・返景**

夕月夜（ゆうづきよ）　月が出ている夕暮れ。また夕暮れに出る月。**ゆうづくよ**とも。〔秋〕

夕日隠れ（ゆうひがくれ）　夕日があたらないこと。夕日が没すること。

宵の明星（よいのみょうじょう）　日没後に西の空に見える金星。類**長庚**（ちょうこう）・**太白**（たいはく）

宵闇（よいやみ）　夕闇。月が出ていなくて暗い宵の時分。

その他の表現

イブニング・サンセット

夜

→ くらい／空／月／星

基本の表現
> 夜・晩・夜間・夜分・夜中・真夜中・深夜・
> 夜更け・夜更かし・夜長・夜通し・徹夜

時

夜

夜・深夜

後夜（ごや）午前4時ごろ。六時の一つ。
*夜半から朝を指すことも。

正子（しょうし）午前零時。対正午

初更（しょこう）夜を5等分した五更の一つ目。午後7〜9時ごろ。一更。甲夜。
*以降は二更（乙夜いつや・おつや、午後9〜11時ごろ）、三更（丙夜、午後11時〜午前1時ごろ）、四更（丁夜、午前1〜3時ごろ）、五更（戊夜ぼや、午前3〜5時ごろ）と続く。

初夜（しょや）①午後7〜9時ごろ。六時の一つ。初更。
②最初の夜。特に、新婚の夫婦が迎える最初の夜。

深更（しんこう）夜更け。深夜。
「―まで眠れない」

中夜（ちゅうや）午後10時〜午前2時ごろ。六時の一つ。類半夜

子の刻（ねのこく）午後11時から午前1時までの時刻。
「―の闇は墨よりも濃い」

暮夜（ぼや）夜になったころ。夜。
「―ひそかに門をたたく」

夜半（やはん）（ま）よなか。よわとも。
「―の風」

夜深（よぶか）夜更け。

夜夜中（よよなか）真夜中。
*「夜中」を強調した語。

夜にまつわる表現

暗夜（あんや）真っ暗な夜。闇夜。
「雪光が―を照らす」

幾夜（いくよ）多くの夜。幾晩。
「寝られぬ晩が―も続いた」

一夜（いちや）一晩。ある夜。**ひとよ**とも。
「―限りのコンサート」

丑三つ（うしみつ）真夜中。午前2時から2時半ごろ。
「草木も眠る―時」

朧夜（おぼろよ）おぼろ月の夜。月がかすんだ春の夜。朧月夜。

隔夜（かくや）一晩おき。また、一晩ごと。

元宵（げんしょう）陰暦正月15日の夜。元夕。上元の夜。

小夜（さよ）夜。「さ」は接頭語。
「―嵐／―時雨しぐれ」

霜夜（しもよ）霜が降りる夜。
「星が光る―」

終夜（しゅうや）一晩中。類終宵・終夕・よもすがら

180

清夜 せい や 涼しくさわやかな夜。よく晴れた夜。

晴夜 せい や よく晴れた夜。

聖夜 せい や クリスマスの前夜。クリスマスイブ。

即夜 そく や その夜。当夜。「―出発する」

逮夜 たい や 葬儀がおこなわれる前夜。忌日の前夜。

短夜 たん や 短い夜。特に夏の短い夜。みじかよとも。[夏] 対**長夜**

千夜 ち よ 千の夜。多くの夜。類**百夜**

長夜 ちょう や 長い夜。特に冬の長い夜。夜長。じょうや・ながよとも。対**短夜**

月夜 つき よ 月の明るい夜。つくよ・げつよとも。対**闇夜**やみ

熱帯夜 ねっ たい や 最低気温が摂氏25℃より下がらない暑苦しい夜。

白夜 はく や 明るい夜。日没後も薄明るい状態が続くこと。また、高緯度地域で真夜中でも日が沈まない現象。びゃくやとも。

半夜 はん や 真夜中。夜半。中夜。また、一晩の半分。

昼を欺く ひる を あざむ 夜にもかかわらず、明るくて昼間と錯覚させること。

星月夜 ほし づき よ 星が月のように明るい夜。ほしづくよとも。[秋] 類**星夜**

夜直 や ちょく 夜の当直。宿直。

闇夜 やみ よ 月のない真っ暗な夜。**あんや**とも。対**月夜**

雪夜 ゆき よ 雪が降る夜。**せつや**とも。

宵越し よい ご 前夜から次の日まで持ち越すこと。

夜籠もる よ こ 夜が深い。夜がまだ明けない。

夜寒 よ さむ 夜になって寒さを感じること。特に秋の終わりごろ。[秋]

夜さり よ 夜。夜ょさ。

夜っぴて よ 一晩中。夜通し。「―仕事をする」

夜な夜な よ な よ な 毎晩。夜ごと。宵々。対**朝な朝な**

夜の帳が下りる よる とばり お 垂れ布が下りるように夜の闇に包まれること。

良夜 りょう や 月が明るく美しい夜。特に中秋の名月の夜。[秋] 類**良宵**

涼夜 りょう や 涼しい夜。「秋の―」

連夜 れん や 毎晩。「連日―」

その他の表現

ナイト・ミッドナイト・オールナイト・ディナー・ダークネス・PM・AM

181

さくいん
あ

さくいん

い

さくいん
う
え

さくいん
か

さくいん

き

187

さくいん

く

さくいん

け

189

190

さくいん
そ

さくいん

て

さくいん
に

さくいん

ひ

201

さくいん
ま

さくいん

も

205

2022 年 12 月 20 日　　初版発行

情景を描く　ことば探し辞典

2024 年 5 月 10 日　　第 2 刷発行

編　者　三省堂編修所
発行者　株式会社 三省堂　代表者 瀧本多加志
印刷者　三省堂印刷株式会社
発行所　株式会社 三省堂
　　　　〒 102-8371
　　　　東京都千代田区麹町五丁目 7 番地 2
　　　　電話（03）3230-9411
　　　　https://www.sanseido.co.jp/

〈情景ことば探し辞典・208pp.〉

落丁本・乱丁本はお取り替えいたします。

ISBN978-4-385-13972-2